사진과 일러스트 보면서 따라하는

완소 퀼트가방

퀼트사랑
Handmade 배움터

조각천을 하나둘씩 이어 붙여
나만의 멋진 가방을 만들 수 있다는 것은
참으로 가슴 설레게 만드는 일임에 틀림없습니다.

이 책이 그 설렘을
완성하는 기쁨으로 만들어 줄 수 있기를 희망합니다.

Contents

Photo Index

01. 허니콤 스몰백 ⇒ 8p

02. 허니콤 미디엄백 ⇒ 14p

03. 허니콤 빅백 ⇒ 18p

04. 프레임 심플백 ⇒ 26p

05. 리넨 미니백 ⇒ 32p

06. 리넨 빅백 ⇒ 36p

07. 베이직 토트백 ⇒ 46p

08~09. 사(삼)각패치 물병가방 ⇒ 54p

10. 스퀘어 빅백 ⇒ 60p

Part 1

모티프를 연결하여 만든 백

본 책에서는 3가지 형태를 소개하고 있지만 응용하기에 따라서는
여러 가지로 변형시킬 수 있는 매력적인 가방 스타일입니다.

모티프 하나하나를 틈틈이 만들어 두었다가 차곡차곡 연결해 붙이면 완성되는 가방입니다.
본 책에서는 3가지 형태를 소개하고 있지만 응용하기에 따라서는
여러 가지로 변형시킬 수 있는 매력적인 가방 스타일입니다.

01

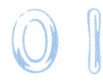

허니콤 스몰백

육각형이 차곡차곡 쌓여서 만들어지는 허니콤
허니콤 스몰백은 육각 모티프 21개를 쌓아 만듭니다.

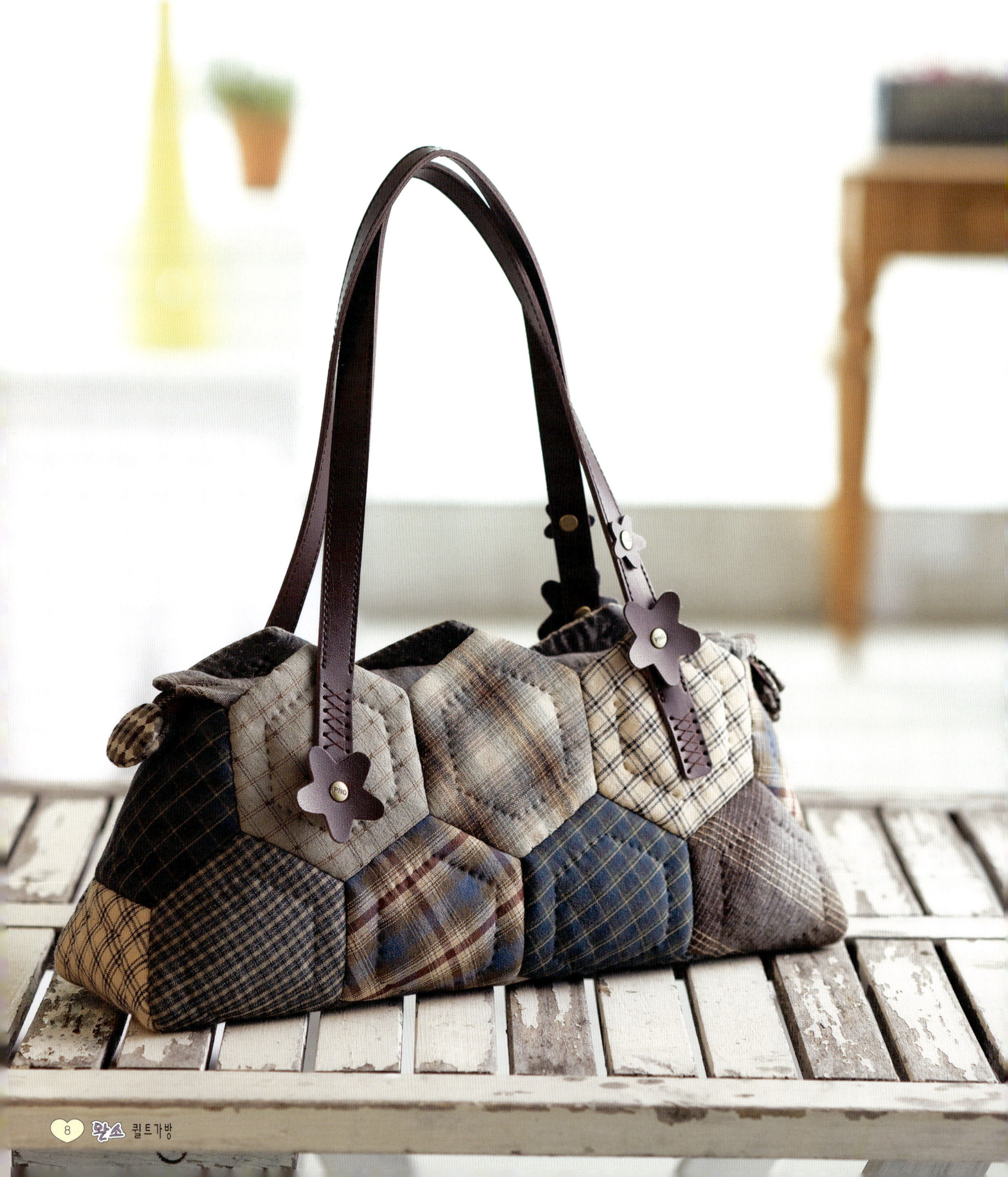

가방입구를 날개지퍼로 처리하여 속이 들여다보이지 않고 깔끔합니다.

이렇게 만들었어요~

♥ **필요한 재료**

육각 모티프용 7종‥지퍼날개 1/8마‥안감 1/2마‥싸개단추용 천과 프라스틱(2.7cm) 4개‥지퍼 30cm
퀼팅솜 접착 5온스‥퀼팅솜 접착2온스(지퍼날개용)‥프라스틱 바닥 32x8cm‥핸들(PNQ 207)

♥ **완성크기**

가로 34cm x 높이 14cm x 밑폭 9cm (끈 길이 제외)   **실물본 A면**

1. 재단하기

① 안감

육각 모티프 21장:실물본 ┐ 창구멍위치를 표시하여 안쪽면에 그린다.
지퍼날개 2장:실물본   ┘ (시접 0.7cm따로)

바닥 싸개용:34x18cm (시접포함)

② 모티프용과 지퍼날개용 (안감과 같은 크기로 재단)

육각 모티브 7종 각3장씩: ┐ 천에 그림을 그릴 필요는 없고
지퍼날개 2장: ┘ 재단해 놓은 안감과 같은 크기로 자른다.

③ 싸개단추용 4장

싸개프라스틱을 놓고 그린 후 시접을 두고 자른다.

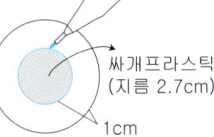
싸개프라스틱 (지름 2.7cm)
1cm

주위를 홈질한다.
0.3~0.5cm

싸개프라스틱의 오목한 부분이 보이게 올려놓는다.
오목한 부분

잡아당겨 마무리한다.

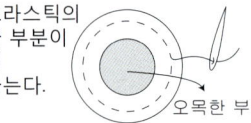

2. 모티프 만들기 (접착 5온스 퀼팅솜 사용)

겉감의 겉
퀼팅솜의 접착면
안감의 안

① 퀼팅솜(접착면이 위)→겉감→안감순으로 포개어 핀을 꽂는다.

창구멍

② 창구멍을 남기고 꿰맨다.

퀼팅솜

③ 퀼팅솜이 보이도록 놓고 퀼팅솜을 꿰맨 곳 가까이 자른다.

④ 안감이 보이도록 놓고 코너에 가윗집을 준다.

Tip:손자국을 내주면 뒤집어 창구멍 모양잡을 때 편하다

⑤ 창구멍을 꺾어 손자국을 내준 후 겉으로 뒤집는다.

Tip:창구멍 시접을 밀어 넣을 때 작은 가위 끝을 사용하면 편하다

⑥ 모양을 정리한 후 창구멍 시접을 집어넣고 공그르기한다.

⑦ 접착솜이 천에 붙도록 다림질한다.
(일반솜 사용시는 다림질 하면 안됨)

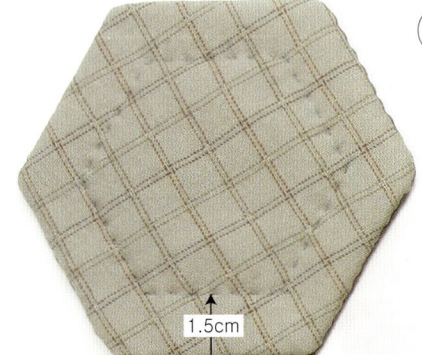
1.5cm

⑧ 끝에서 1.5cm 안쪽을 퀼팅한다

=> 21장 (7종 3개씩)

3.날개지퍼 만들기 (접착 2온스 퀼팅솜 사용)

참고: 날개지퍼 대신 허니콤 미디엄백 처럼 육각모티프 3개를 더 만들어 뚜껑을 달아도 된다.

① 퀼팅솜 → 겉감 → 안감순으로 포갠 후 창구멍을
5cm 가량 남기고 꿰맨다

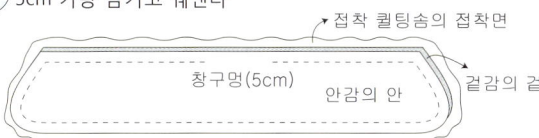

접착 퀼팅솜의 접착면
창구멍(5cm)
안감의 안
겉감의 겉

② 퀼팅솜이 보이도록 놓고 퀼팅솜을 꿰맨 곳
가까이 자른다.

퀼팅솜

③ 안감이 보이도록 놓고 코너와 곡선 부분에
가윗집을 준 후 겉으로 뒤집는다.

안감의 안

④ 창구멍은 공그르기한 후 접착솜이 천에 붙도록 다림질한다
=> 2개 만든다.

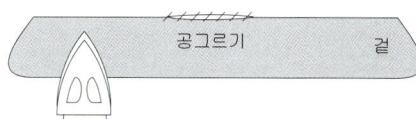

공그르기
겉

⑤ 지퍼부분이 1cm가량 보이도록 맞춰 핀을 꽂고 천 끝쯤을 반박음질로 꿰맨다(빨간색 표시부분). 양끝은 튼튼하게 되박음 한다.
뒤집어 안쪽에서는 지퍼 끝단을 홈질로 정리한다.

1cm
안쪽모습

⑥ 양끝을 싸개단추로 장식한다.

a.싸개단추의 안쪽 위에 지퍼 끝을 대충 고정시킨다.

b.나머지 한쪽을 마저 포갠 후 싸개단추끼리 공그르기한다.

=> 날개지퍼 완성

4.바닥싸개 만들기

① 바닥싸개용(34x18cm :시접포함) 안감을 길게 반을
접고 한쪽옆과 아래에 1cm선을 그린 후 꿰맨다.

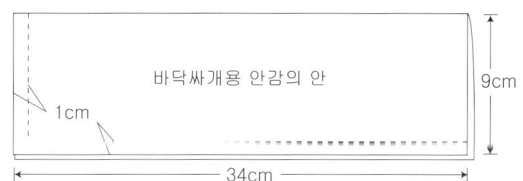

바닥싸개용 안감의 안
9cm
1cm
34cm

② 겉으로 뒤집어 바닥용 프라스틱(코너는 둥글게 정리)을 집어넣는다.
입구부분은 시접을 안으로 접어넣고 공그르기한다.

8cm
겉
바닥용 프라스틱
(32x8cm)
33cm

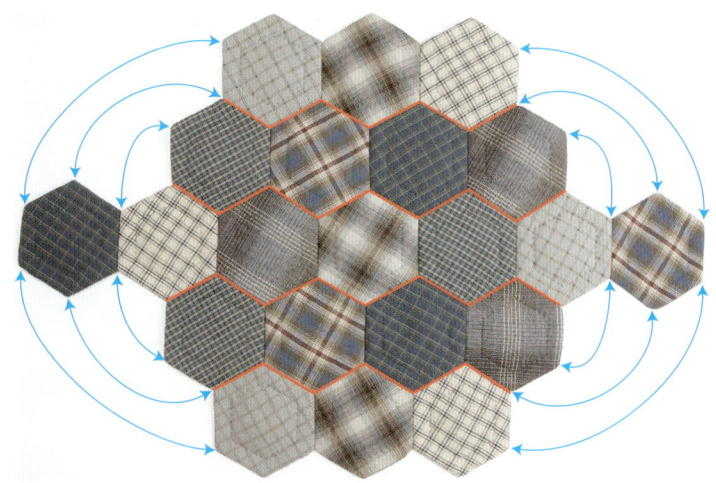

① 겉면이 보이게 배치한 후 빨강색 표시부분을 퀼팅실 2겹으로
   겉과 겉을 공그르기하여 각 단을 만든다.

② 단끼리(빨간색 표시부분) 공그르기한 후 파란색 부분을 서로 맞춰가며
   공그르기하면 본체가 완성된다.세 개가 모인 곳은 모서리를 원을 그리듯
   한땀씩 떠서 꿰매준다.

모서리 3개가 만나는 곳 꿰매는 방법

공그르기할 때 한 땀 뜬 후 바로 당기기보다는 서너 땀을 뜬 후 한꺼번에 당겨가며 공그르기한다.
세 개가 모인 곳은 모서리를 원을 그리 듯 한 땀씩 뜬 후 당겨서 모아준다.

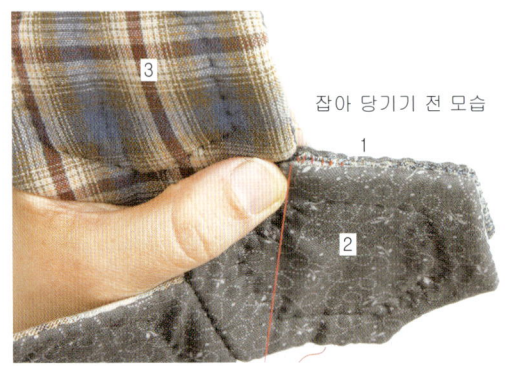

a.1번과 2번을 잘 맞춰 핀을 꽂은 후 겉과 겉을 공그르기한다.

b.약간 당겨(쭈글거리지 않도록) 실이 보이지 않게 한 모습

c.2번 모서리를 한 땀 뜬 후 3번 모서리를 한땀 뜬다.
  땀의 방향은 화살표 방향으로 뜬다.

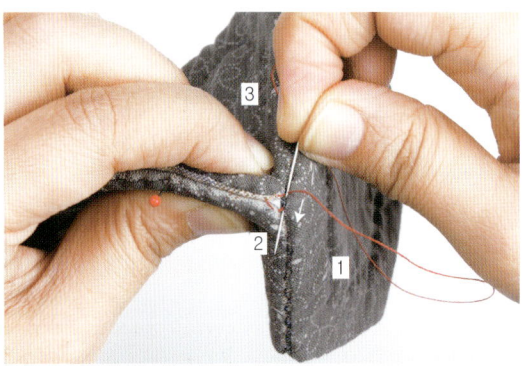

d.1번 모서리를 화살표 방향으로 한 땀 뜬다.

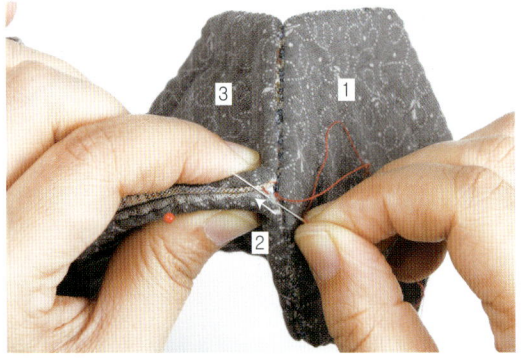

e.다시 2번 모서리를 한 땀 뜬다.

f.실을 잡아당기면 세모서리가 모아진다.

6. 핸들 꿰매기

적당한 위치에 핸들을 꿰맨다. 날개지퍼를 꿰매기 전에 핸들을 꿰매야 편하다.

PNQ 207핸들 꿰매는 예:
빨간색 표시부분을 꿰맨다.

왼쪽   오른쪽

바느질된 곳에도
두땀정도 꿰맨다.

땀뜨는 순서: 화살표는 안에서 보이는 땀을 의미

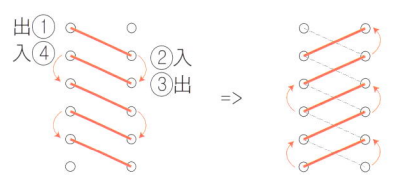

7. 날개지퍼 꿰매기

① 안감쪽 윗부분에 각각의 모서리(분홍색 점선)를 연결한 선(흰색선)을 그리고 중앙위치도 표시한다.

② 지퍼를 연 상태로 그려 놓은 선에 날개 끝을 맞춰 핀을 꽂는다. 중앙과 끝을 맞추고 사이사이도 맞춰 핀을 꽂은 후 공그르기로 연결한다.

③ 맞은편도 같은 방법으로 핀을 꽂고 공그르기하여 연결한다. 핸들은 지퍼사이로 나오게 놓고 꿰맨다.

④ 바닥싸개를 바닥 중앙에 놓고 몇군데만 느슨하게 꿰매준다. 겉으로 뒤집으면 완성.

02

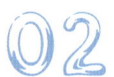

허니콤 미디엄백

육각 모티프 31개와 마름모 모티프 4개를 쌓아 만듭니다.

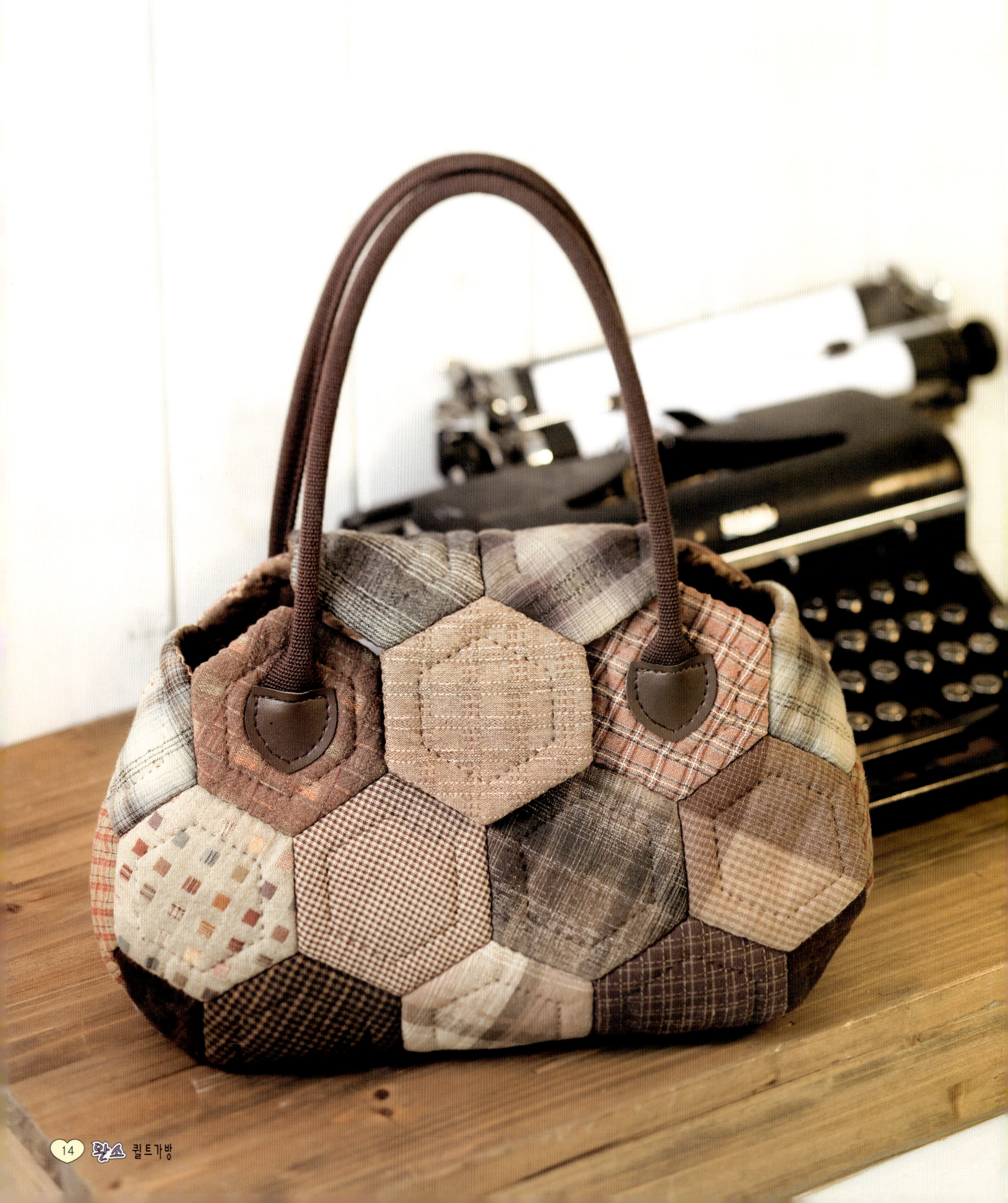

육각 모티프 세 개가 모여 가방 뚜껑이 되었습니다.

이렇게 만들었어요~

♥ **필요한 재료**
육각 모티프용 14종‥마름모 모티프용 약간‥안감 2/3마‥귀자석‥퀼팅솜 접착 5온스‥프라스틱바닥 26x9cm 핸들(Hobby & Land 636-L)

♥ **완성크기**
가로 34cm x 높이 21cm x 밑폭 9cm (끈 길이 제외)   실물본 A면

1. 재단하기

① 안감

육각 모티프 31장:실물본 ┐
마름모 모티프 4장:실물본 ┘ 창구멍위치를 표시하여 안쪽면에 그린다.(시접 0.7cm따로)

바닥 싸개용:28x20cm (시접포함)

② 마름모 모티프용 (안감과 같은 크기로 재단)

4장:천에 그림을 그릴 필요는 없고 재단해 놓은 안감과 같은 크기로 자른다.

③ 육각 모티프용 (안감과 같은 크기로 재단)

천에 그림을 그릴 필요는 없고 재단해 놓은 안감과 같은 크기로 자른다.

3종 각3장씩(뚜껑용 포함) ┐
11종 각2장씩 ┘ 천배치도 참조

천 배치도

2. 모티프 만들기 (접착 5온스 퀼팅솜 사용)
P10 육각 모티프 만드는 사진 참조

① 퀼팅솜→겉감→안감순으로 포갠 후 창구멍을 남기고 꿰맨다.

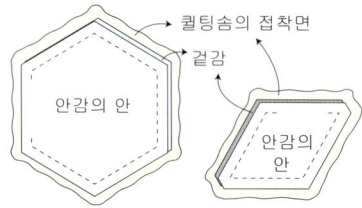

② 퀼팅솜이 보이도록 놓고 퀼팅솜을 꿰맨 곳 가까이 자른다.

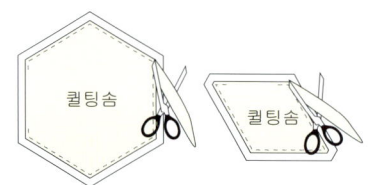

③ 안감이 보이도록 놓고 코너에 가윗집을 준다.

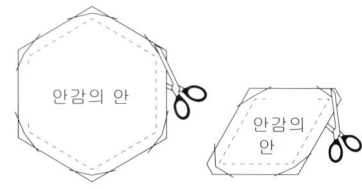

④ 겉으로 뒤집어 창구멍은 공그르기하고 접착솜이 천에 붙도록 다림질한다.

⑤ 끝에서 1.5cm 안쪽을 퀼팅한다

3. 바닥싸개 만들기

① 바닥싸개용(28x20cm :시접포함) 안감을 길게 반을 접고 한쪽 옆과 아래에 1cm선을 그린 후 꿰맨다.

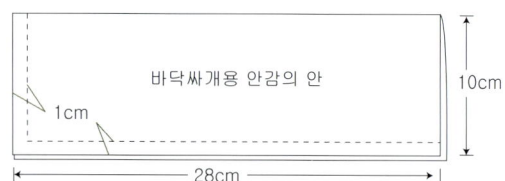

② 겉으로 뒤집어 바닥용 프라스틱(코너는 둥글게 정리)을 집어넣는다. 입구부분은 시접을 안으로 접어넣고 공그르기한다.

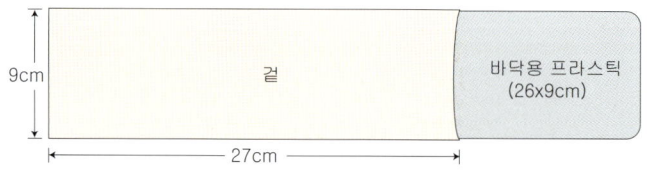

4.모티프 연결하기

① 겉면이 보이게 배치한 후 빨강색 표시부분을 퀼팅실 2겹으로
겉과 겉을 공그르기하여 각 단을 만든다.

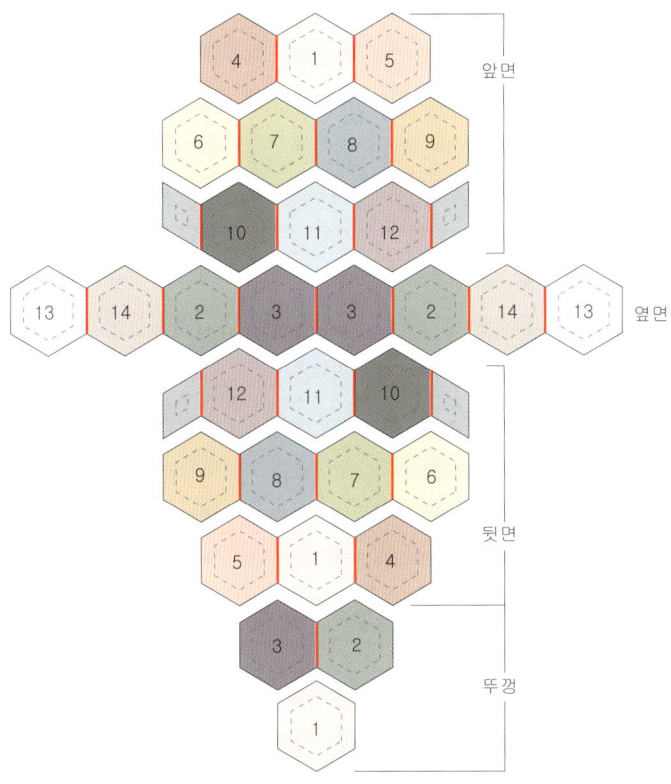

앞면

옆면

뒷면

뚜껑

② 단끼리(빨간색 표시부분) 공그르기한 후 파란색 부분을 서로 맞춰가며
공그르기한다. 세 개가 모인 모서리는 원을 그리듯 (P12 모서리 3개가
만나는 곳 꿰매는 방법 참조) 한 땀씩 떠서 꿰매준다.

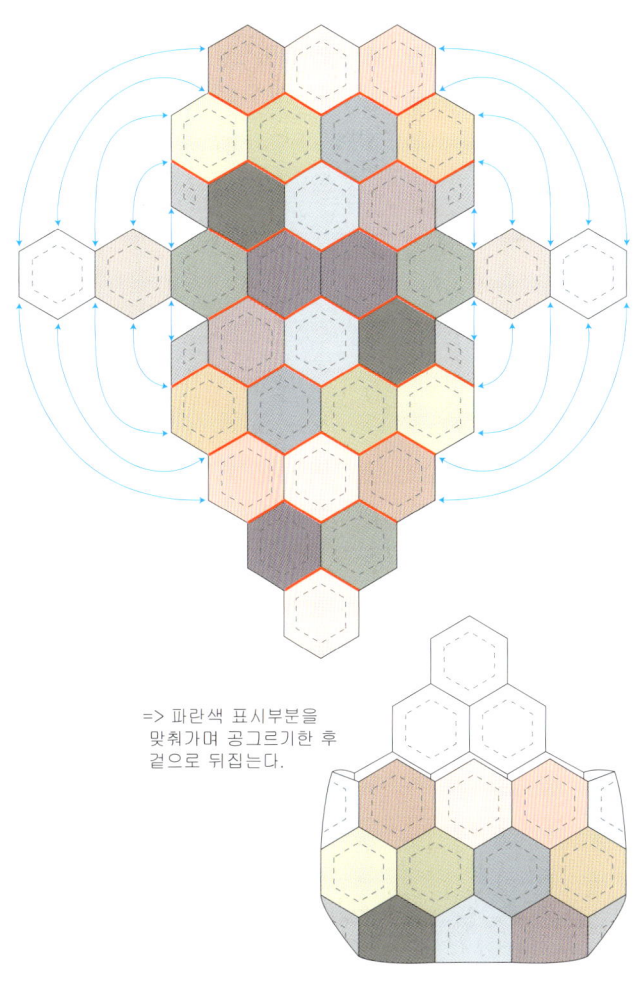

=> 파란색 표시부분을
맞춰가며 공그르기한 후
겉으로 뒤집는다.

5.자석과 핸들 꿰매기

적당한 위치에 핸들을 꿰맨다.
자석은 뚜껑에는 (⌒)부분을 꿰매고
앞면에는 (⌒)부분을 꿰맨다.

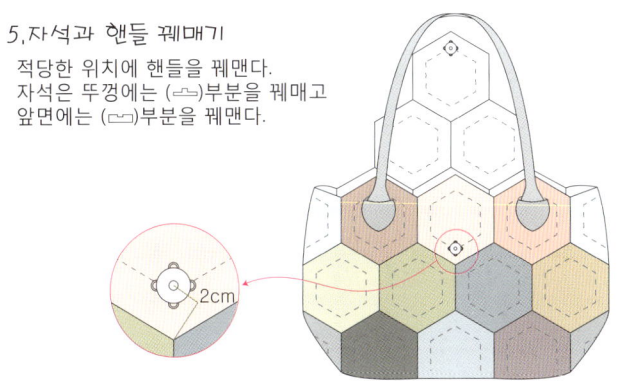

2cm

6.가방 바닥을 넣으면 완성

바닥을 넣고 중간 중간
느슨하게 꿰매 고정시킨다.

참고: 뚜껑 대신 허니콤 스몰백의 날개지퍼를 꿰맬 수도 있다.

03

허니콤 빅백

육각 모티프 48개, 마름모 모티프 4개
V 모티프 1개를 쌓아 만듭니다.

♥ **필요한 재료**
육각 모티프용 12종‥검정 아즈미노 1/8마‥안감 1마‥싸개단추용 천과 프라스틱(2cm)‥귀자석
퀼팅솜 접착 5온스‥프라스틱바닥 32x9cm‥핸들(PNQ 512)

♥ **완성크기**
가로 42cm x 높이 29cm x 밑폭 9cm (끈 길이 제외)   실물본 A면

1.재단하기

1 안감

육각 모티프 48장:실물본 ─┐
마름모 모티프 4장:실물본 ─┤ 창구멍위치를 표시하여 안쪽면에 그린다.(시접 0.7cm따로)
V 모티프 1장:실물본 ─┘
바닥 싸개용:34x20cm (시접포함)

2 육각 모티프용(안감과 같은 크기로 재단)

11종 각4장씩
천에 그림을 그릴 필요는 없고 재단해 놓은 안감과 같은 크기로 자른다.

3 검정 아즈미노 무지 (안감과 같은 크기로 재단)

육각 모티프 4장 ─┐
마름모 모티프 4장 ─┤ 천에 그림을 그릴 필요는 없고 재단해 놓은 안감과 같은 크기로 자른다.
V 모티프 1장 ─┘

4 뚜껑장식용 싸개단추

싸개프라스틱을
놓고 그린 후
시접을 두고
자른다.

싸개프라스틱
(지름 2cm)
0.7cm

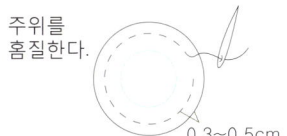

주위를
홈질한다.

0.3~0.5cm

싸개프라스틱의
오목한 부분이
보이게
올려놓는다.

오목한 부분

잡아당겨
마무리한다.

2.모티프 만들기 (접착 5온스 퀼팅솜 사용)

P10 육각 모티프 만드는 사진 참조

1 퀼팅솜→겉감→안감 순으로 포갠 후 창구멍을 남기고 꿰맨다.

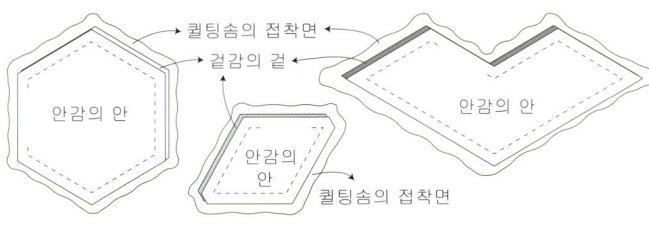

퀼팅솜의 접착면
겉감의 겉
안감의 안
안감의 안
안감의 안
퀼팅솜의 접착면

2 퀼팅솜이 보이도록 놓고 퀼팅솜을 꿰맨 곳 가까이 자른다.

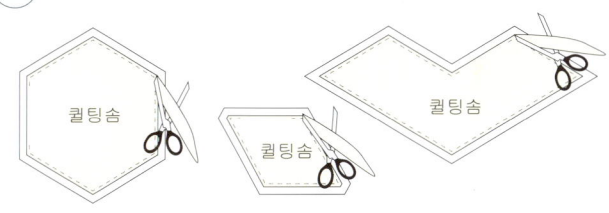

퀼팅솜
퀼팅솜
퀼팅솜

3 안감이 보이도록 놓고 코너에 가윗집을 준다.
V 모티프의 경우 쏙 들어간 부분에도 가윗집을 준다.

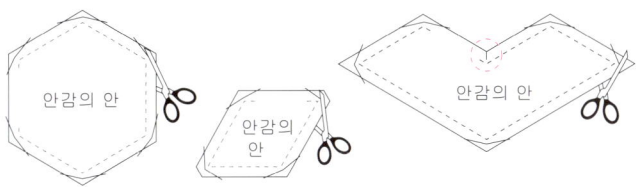

안감의 안
안감의 안
안감의 안

4 겉으로 뒤집어 창구멍은 공그르기하고
접착솜이 천에 붙도록 다림질한다.

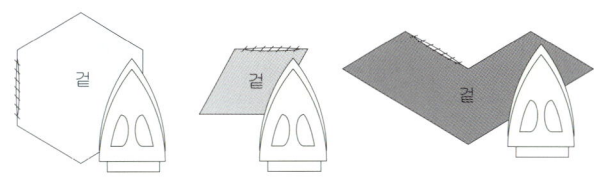

겉
겉
겉

5 끝에서 1.5cm 안쪽을 퀼팅한다

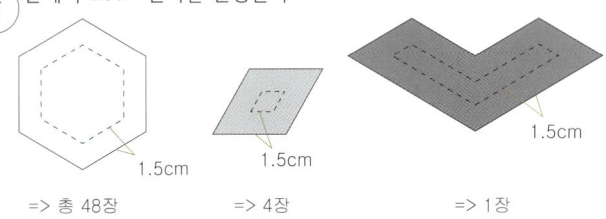

1.5cm   1.5cm   1.5cm

=> 총 48장   => 4장   => 1장

6 V 모티프 겉면 중앙에는 싸개단추를 공그르기하고
안쪽에는 자석 (⌒)의 중심이 끝에서 2cm되도록 자리잡아 꿰맨다.

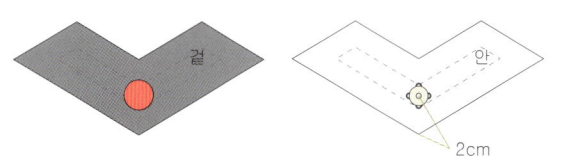

겉   안

2cm

3. 모티프 연결하기

1 겉면이 보이게 배치한 후 빨간색 표시부분을 퀼팅실 2겹으로 겉과 겉을 공그르기하여 각 단을 만든다.

앞면

옆면

뒷면

뚜껑

2 단끼리(빨간색 표시부분) 공그르기한 후 파란색 부분을 서로 맞춰가며 공그르기한다.
세 개가 모인 모서리는 원을 그리듯 (P12 모서리 3개가 만나는 곳 꿰매는 방법 참조) 한 땀씩 떠서 꿰매준다.

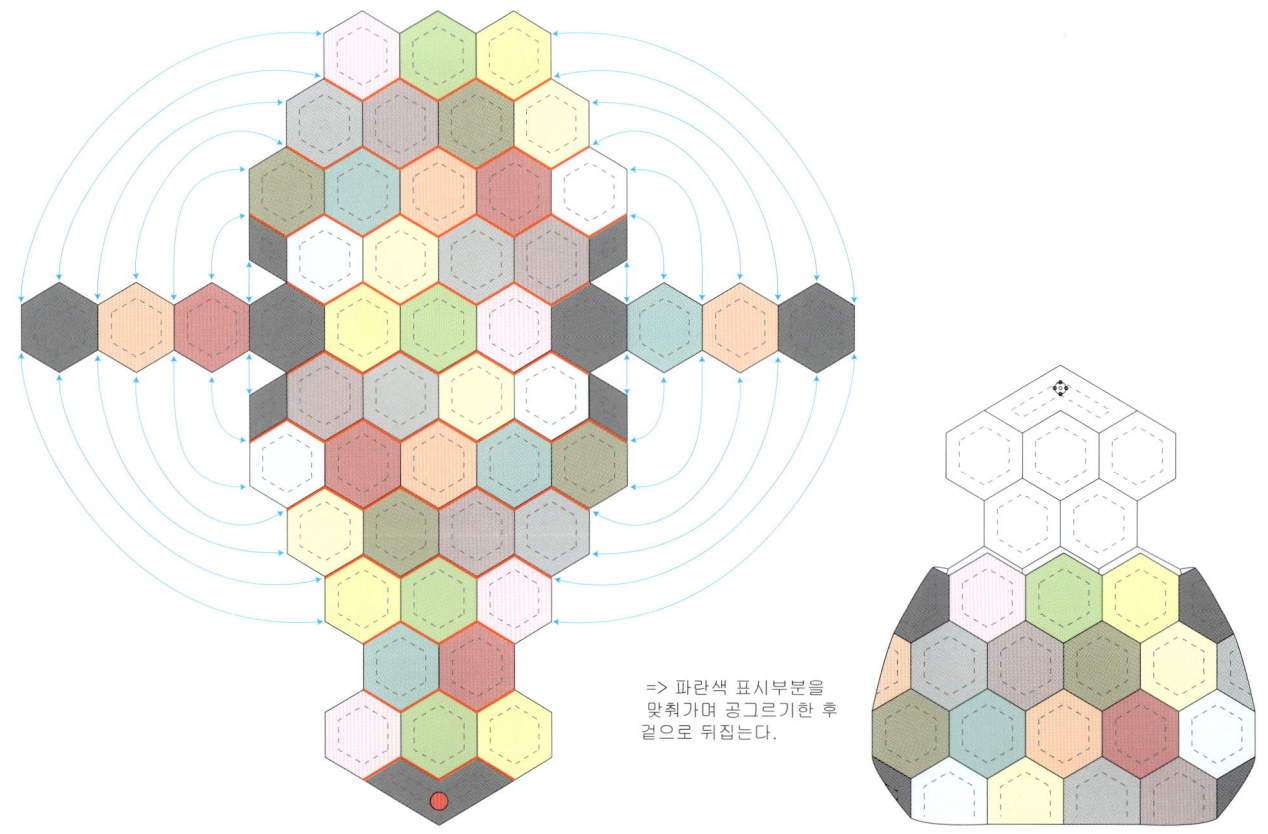

=> 파란색 표시부분을
맞춰가며 공그르기한 후
겉으로 뒤집는다.

4.자석과 핸들 꿰매기

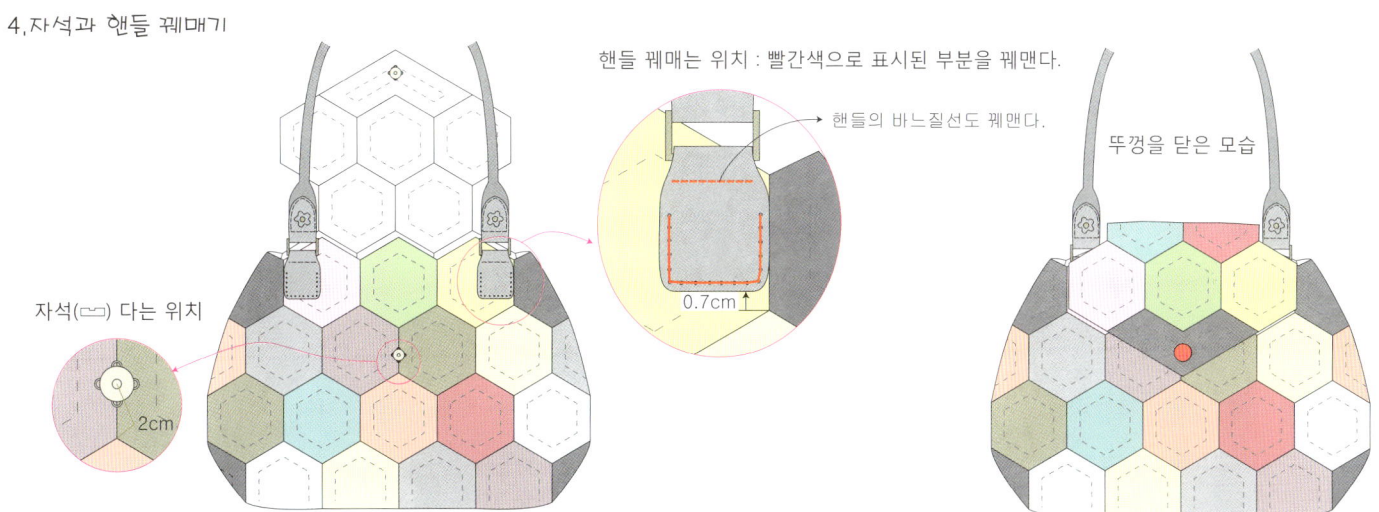

핸들 꿰매는 위치 : 빨간색으로 표시된 부분을 꿰맨다.

핸들의 바느질선도 꿰맨다.

0.7cm

뚜껑을 닫은 모습

자석(▱) 다는 위치

2cm

5.바닥싸개 만들기

① 바닥싸개용(34x20cm :시접포함) 안감을 길게 반을
접고 한쪽 옆과 아래에 1cm선을 그린 후 꿰맨다.

바닥싸개용 안감의 안

10cm

1cm

34cm

② 겉으로 뒤집어 바닥용 프라스틱(코너는 둥글게 정리)을 집어넣는다.
입구부분은 시접을 안으로 접어넣고 공그르기한다.

9cm

겉

바닥용 프라스틱
(32x9cm)

33cm

③ 가방 바닥에 넣은 후 몇 군데만 느슨하게 꿰매 고정시킨다.

참고: 뚜껑 대신 허니콤 스몰백과 같은 날개지퍼를 꿰맬 수도 있다.

Part 2

무늬천을 활용하여 만든 백

복잡하게 조각 잇기를 하지 않고서도
무늬천을 활용하면 멋진 가방을 만들 수 있습니다.

04

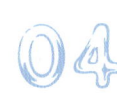

프레임 심플백

화려한 꽃무늬천과 무지천의 간단한 조합만으로도
프레임에 의해 자연스럽게 주름이 잡히면서
더욱 귀엽고 풍성한 가방으로 완성됩니다.

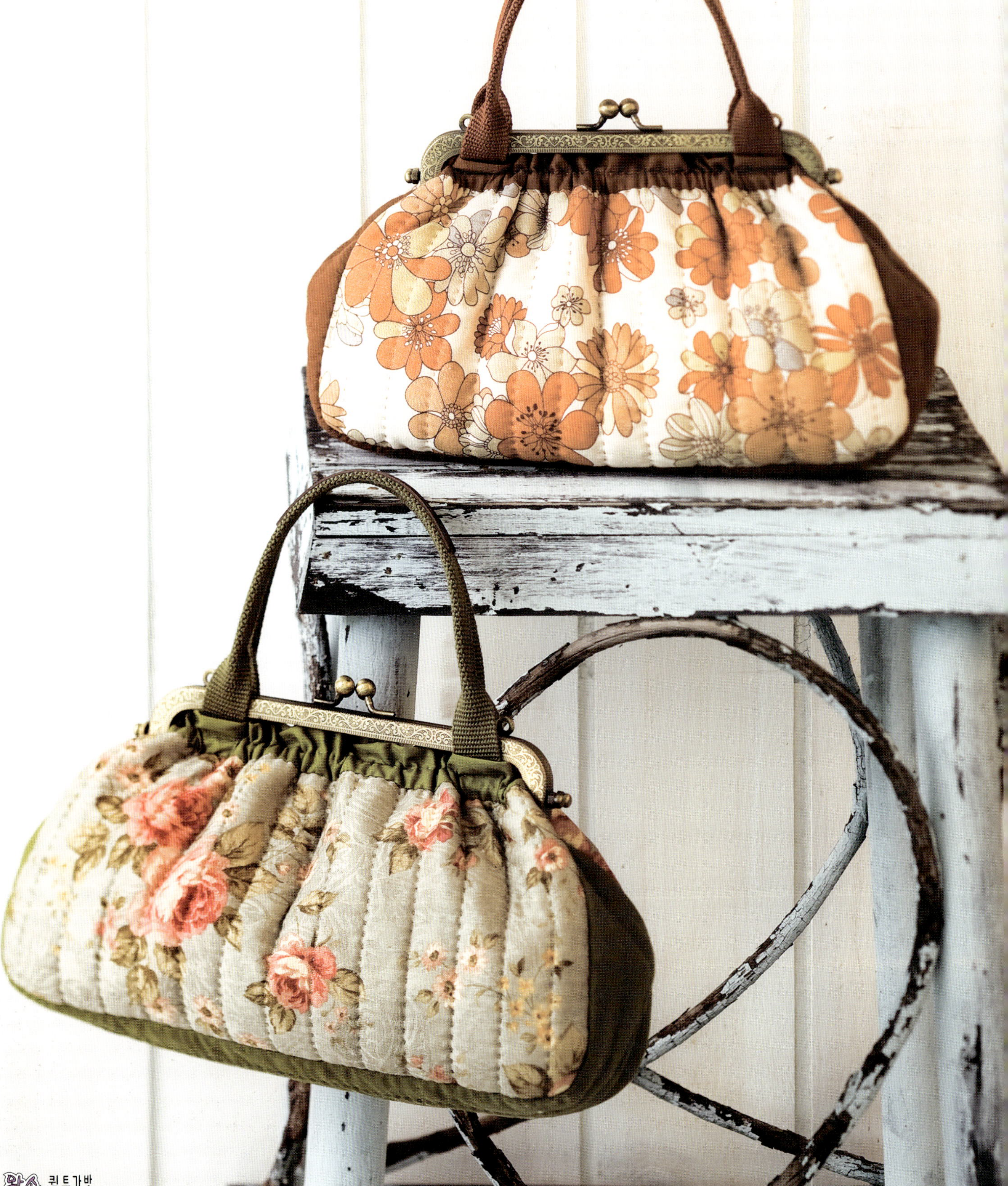

프레임이 잡아 주는 자연스런 주름으로
물건을 채우면 채울수록 볼륨이 살아납니다

♥ 필요한 재료
꽃무늬 1/4마‥무지 1/4마‥안감 1/4마‥퀼팅솜 5온스‥프라스틱바닥 23x7.5
Frame(Hobby & Land #541)‥핸들(PNQ 502)

♥ 완성크기
가로 27cm x 높이 16cm x 밑폭 8.5cm (끈 길이 제외)   실물본 A면

1.재단하기

① 꽃무늬천(실물본으로 겉면에 그린다)
꽃무늬 실물본:2장 (시접 0.7cm따로)
중앙선과 2cm간격의 퀼팅선을 그린다.

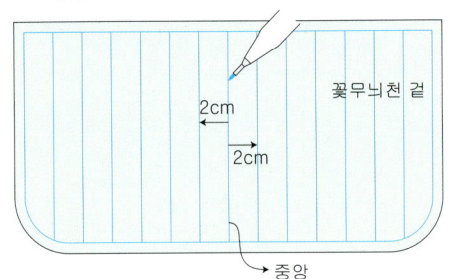

2cm
2cm
꽃무늬천 겉
중앙

② 무지천(실물본으로 옆면은 겉에 그리고 입구용은 안쪽면에 그린다)
옆면:1장 (시접 0.7cm따로)
굵(밑중앙)을 중심으로 대칭으로 그린다.중앙과 중앙에서 2cm 띄운 선을 그린다.

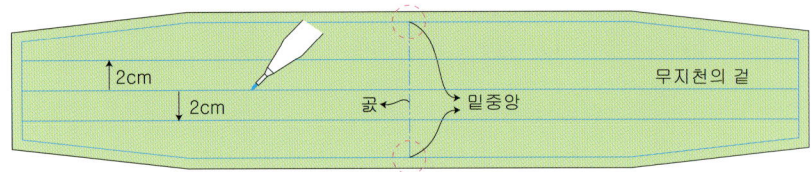

2cm
2cm
굵
밑중앙
무지천의 겉

입구용:2장 (시접 0.7cm따로)
무지천의 안쪽에 그린다.

무지천의 안

③ 안감(실물본으로 안쪽면에 그린다)
앞(뒷)면:2장 (시접 0.7cm따로)
앞(뒷)면 실물본을 사용하여 밑중앙,창구멍위치,
꽃무늬천 위치를 각각 표시한다.

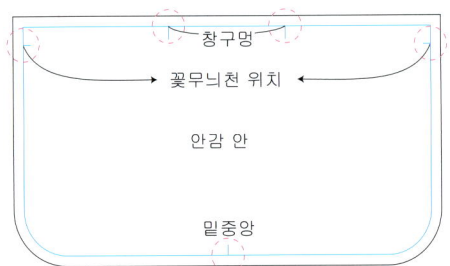

창구멍
꽃무늬천 위치
안감 안
밑중앙

옆면:1장 (시접 0.7cm따로)
굵(밑중앙)을 중심으로 대칭으로 그린다. 한쪽 중앙에 창구멍(약 8cm)을 표시한다.

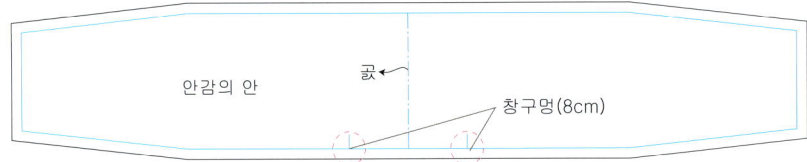

안감의 안
굵
창구멍(8cm)

바닥싸개 1장:25x17cm (시접포함)

2.옆면만들기

① 퀼팅솜 위에 겉감의 겉이
보이도록 놓고 그위에 안감의
안이 보이게 포갠 후
창구멍을 남기고 꿰맨다.

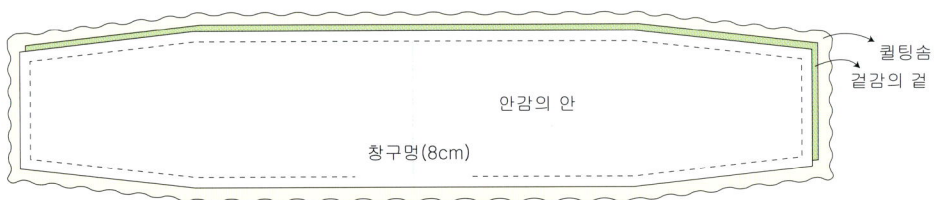

안감의 안
창구멍(8cm)
퀼팅솜
겉감의 겉

② 퀼팅솜이 보이게 놓고
꿰맨 곳 퀼팅솜은 꿰맨 곳 가까이
정리하고 창구멍 퀼팅솜은
완성선에 맞춰 자른다.

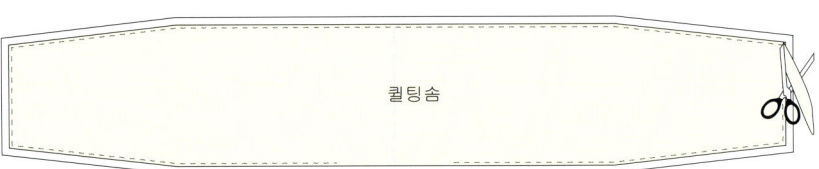

퀼팅솜

③ 안감이 보이게 놓고 코너에
가윗집을 준다.

안감의 안

④ 창구멍으로 뒤집는다. 모양을
정리하고 창구멍은 공그르기한다.
충분히 시침한 후 선따라 퀼팅한다.

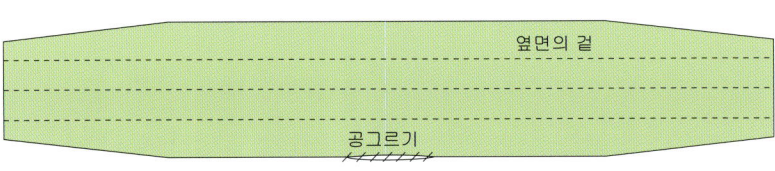

옆면의 겉
공그르기

3.앞(뒤)면 만들기

1. 퀼팅선을 그려놓은 꽃무늬천을 퀼팅솜 위에 겉이 보이게 올려놓는다.

입구용 무지천 안

2. 그위에 입구용 무지천의 안쪽이 보이게 놓고 완성선부터 완성선까지 꿰맨다.

3. 퀼팅솜이 보이게 놓고 윗부분 퀼팅솜을 꿰맨 곳 가까이 정리한다.

4. 무지천의 겉면이 보이도록 위로 올린다.

5. 끝에서 4.5cm를 각각 표시한 후 핸들의 안쪽이 보이도록 놓고 끝부분과 1cm위치 두 곳을 시침한다. 핸들의 끝이 무지천보다 0.3cm정도 올라가도록 한다.

0.3cm
4.5cm
핸들 안쪽

창구멍

안감의 안

6. 그 위에 안감의 안이 보이도록 포갠 후 윗부분을 맞춰 핀을 꽂고 창구멍을 제외한 양쪽을 꿰맨다.핸들이 있는 부분은 튼튼하게 꿰매준다.

시접은 안감쪽으로

7. 안감을 위로 넘긴다. 시접은 안감쪽으로 향하도록 정리한다.

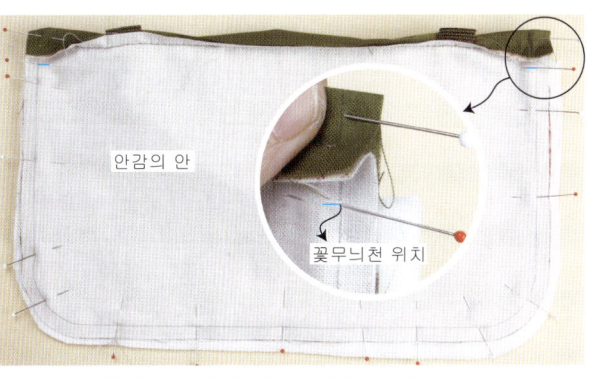

안감의 안

꽃무늬천 위치

8. 다시 안감을 접어 내려 아래를 맞추고 안감에 표시해 둔 꽃무늬천 위치도 맞춘다. 사이 사이도 맞춰 핀을 꽂는다

프레임 봉 끼울 구멍

안감에 표시해 둔 꽃무늬천 위치

⑨ 프레임 봉을 끼울 구멍 두 곳을 남겨두고 U자 형태로 꿰맨다.

퀼팅솜

⑩ 퀼팅솜이 보이게 돌려놓고 꿰맨 곳 가까이 퀼팅솜을 정리하고 아래 둥근 곡선부분에는 가윗집을 준다.

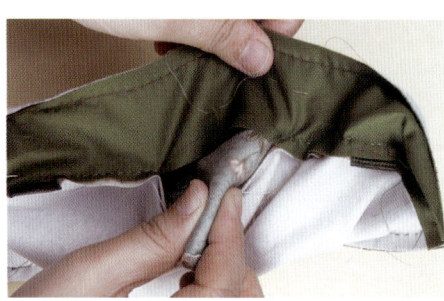

⑪ 창구멍으로 뒤집어 창구멍은 공그르기한다.

⑫ 모양을 잘 정리한 후 꽃무늬 천 부분에 전체적으로 시침한다.

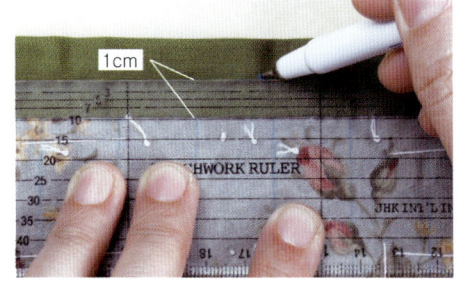

1cm

⑬ 프레임 봉 통로를 위해 꽃무늬천에서 1cm 띄운 곳에 선을 그린다.

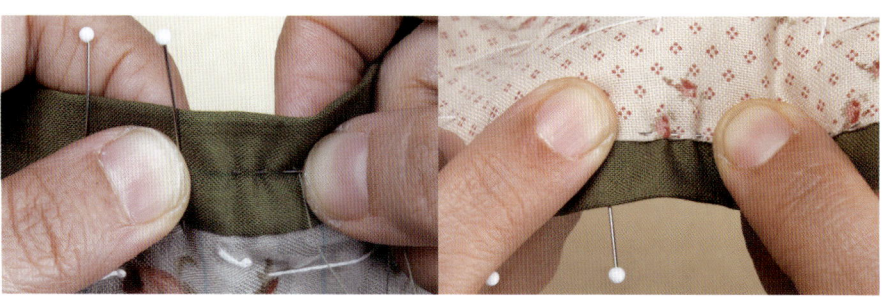

⑭ 1cm선과 뒷면의 안감 끝부분이 맞춰지도록 핀을 꽂고 한 땀 한 땀 앞, 뒷면을 확인해가며 퀼팅한다. 핸들이 있는 곳은 업다운(바늘을 안감쪽으로 보낸다음 다시 겉쪽으로 나오게)으로 꿰맨다.

끈통로

⑮ 무지연결부분 바로 아래쪽과 그려놓은 2cm 간격의 퀼팅선을 퀼팅한다 (흰색선으로 표시된 부분)
  => 앞,뒷면 1장씩 만든다

완성된 앞면,뒷면,옆면모습

4. 앞(뒷면)과 옆면 연결하기

① 앞면의 밑중앙과 옆면의 밑중앙을 겉끼리 마주보게 핀을 꽂은 후 옆면 끝과 꽃무늬 끝을 맞춰 핀을 꽂는다. 나머지 사이사이도 맞춰 핀을 꽂는다.

② 퀼팅실 2겹으로 옆면의 겉쪽(무지)과 앞면의 겉쪽(꽃무늬)을 공그르기하여 연결한다. 양끝은 튼튼하게 여러번 꿰맨다.

③ 같은 방법으로 뒷면도 공그르기로 연결한다.

④ 겉으로 뒤집는다.

5. 프레임 끼우기

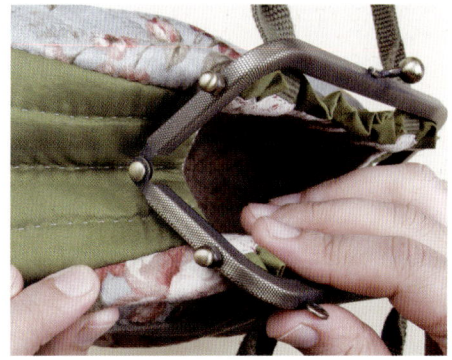

① 나사를 돌려 프레임에서 봉을 분리시킨 후 봉 통로에 끼운다.

② 프레임 구멍으로 봉을 통과시킨 후 나사를 돌려 잠근다. 나머지도 같은 방법으로 끼운다.

③ 모두 끼운 후 모양을 정리한다

6. 바닥싸개 만들기

① 바닥싸개용(25x17cm:시접포함) 안감을 길게 반을 접고 한쪽 옆과 아래에 1cm 선을 그린 후 꿰맨다.

② 겉으로 뒤집어 바닥용 프라스틱을 집어넣는다. 입구부분은 시접을 안으로 접어넣고 공그르기한다.

③ 완성된 바닥싸개를 가방 바닥에 깐다.

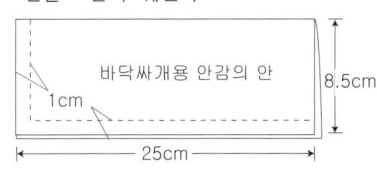

바닥싸개용 안감의 안
1cm
8.5cm
25cm

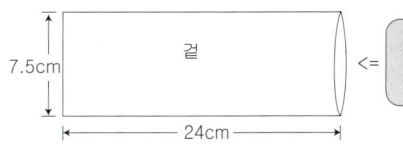

7.5cm
겉
24cm
<= 바닥용 프라스틱 (23x7.5cm)

05

리넨 미니백

리넨 빅백과
세트로 만들 수 있는 미니백.

끈을 탈부착할 수 있어
가방안에 파우치로 사용하거나
핸들을 길게하여
크로스백으로도 사용할 수 있습니다.

이렇게 만들었어요~

♥ **필요한 재료**
리넨체크 1/4마··리넨 줄무늬 1/8마··안감 1/4마··싸개단추용 조각천과 프라스틱(2.7cm)
귀자석··퀼팅솜 접착 4온스
옵션: D링(외경 1.6cm) 2개·· 잠금고리 2개·· 이중 나무구슬 2개·· 면끈(길이 자유)

♥ **완성크기**
가로 21cm x 높이 16cm x 밑폭 3cm (끈 길이 제외)   **실물본 A면**

1. 재단하기 (모두 안쪽 면에 그린다)

① **리넨체크**
옆면:3x48cm (시접 0.7cm따로)
뚜껑:미니백 뚜껑 실물본 (시접 0.7cm따로)
D링고리 2장:3.5x5cm (시접포함)

② **리넨 줄무늬** (시접 0.7cm따로)
앞면,뒷면 각 1장씩:리넨 줄무늬 실물본

③ **안감** (시접 0.7cm따로)
옆면:3x48cm
앞면,뒷면 각 1장씩:리넨 줄무늬 실물본 ┐ 창구멍위치 표시
뚜껑:미니백 뚜껑 실물본 ┘

④ **싸개단추용 도트무늬: 싸개프라스틱** (시접 1cm따로)

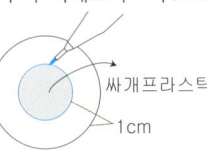
싸개프라스틱을 놓고 그린 후 시접을 두고 자른다.
싸개프라스틱
1cm

주위를 홈질한다.
0.3~0.5cm

싸개프라스틱의 오목한 부분이 보이게 올려놓는다.
오목한 부분

잡아당겨 마무리한다.

2. 뚜껑 만들기

① 퀼팅솜→겉감 →안감 순으로 포갠 후 창구멍을 남기고 꿰맨다.
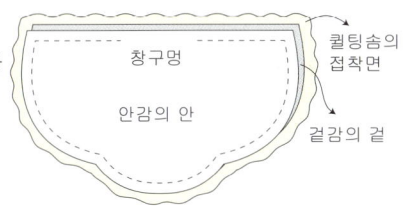
창구멍
안감의 안
퀼팅솜의 접착면
겉감의 겉

② 퀼팅솜이 보이도록 놓고 퀼팅솜을 꿰맨곳 가까이 자른다.
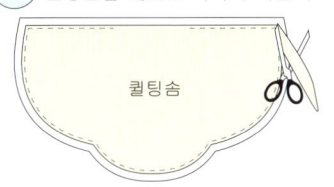
퀼팅솜

③ 안감이 보이도록 놓고 곡선과 코너에 가윗집을 준다.

안감의 안

④ 겉으로 뒤집어 창구멍은 공그르기하고 접착솜이 천에 붙도록 다림질한다.
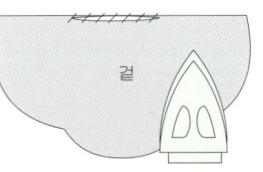
겉

⑤ 끝에서 1cm 안쪽을 퀼팅한 후 겉면에는 싸개단추를 공그르기하고 안쪽에는 자석(⌣)을 꿰맨다.
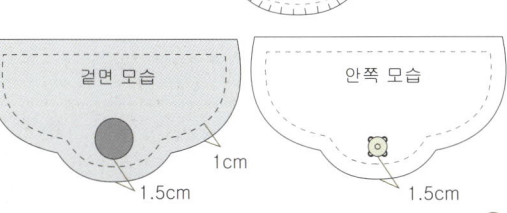
겉면 모습
1cm
1.5cm
안쪽 모습
1cm
1.5cm

3. 앞,뒷면 만들기

뚜껑과 같은 방법으로 2장 만든다. 적당한 줄무늬를 선택해 퀼팅하고 앞면에는 중앙에서 1.5cm 내려온 위치에 자석(⬭)을 꿰맨다.
뒷면에는 뚜껑을 단다. 뒷면 중앙과 뚜껑의 중앙을 맞춰 놓고 공그르기한다.

1.5cm

공그르기 하는 모습

앞면

뒷면

4. D링고리 만들기

① 3등분해 접는다.

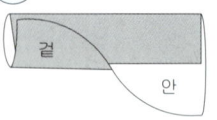
겉 / 안

② 중앙을 퀼팅하고 D링을 끼운다.
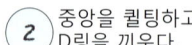
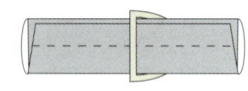

③ 아래쪽이 1cm 튀어 나오게 접는다.
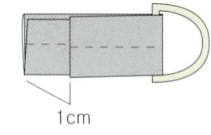
1cm

④ 1cm 여유분을 접어 감침한다.

⑤ D링 있는 곳에서 1cm 띄운 나머지 옆면을 감침한다.
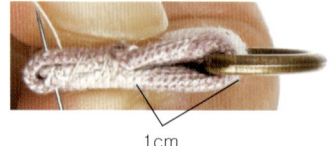
1cm

5. 옆면 만들기

① 퀼팅솜 위에 리넨체크 겉이 보이게 올려놓고 그 위에 안감이 보이게 포갠 후 가운데에 5cm정도의 창구멍을 남기고 꿰맨다.
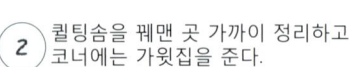
안감의 안
창구멍(5cm정도)

② 퀼팅솜을 꿰맨 곳 가까이 정리하고 코너에는 가윗집을 준다.
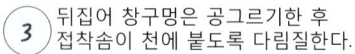
퀼팅솜

③ 뒤집어 창구멍은 공그르기한 후 접착솜이 천에 붙도록 다림질한다.
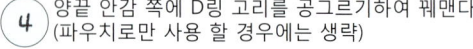
리넨 체크
공그르기

④ 양끝 안감 쪽에 D링 고리를 공그르기하여 꿰맨다. (파우치로만 사용 할 경우에는 생략)

리넨 체크

옆면에 D링 공그르기 하는 방법

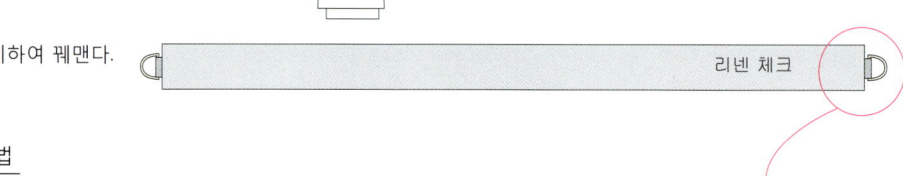

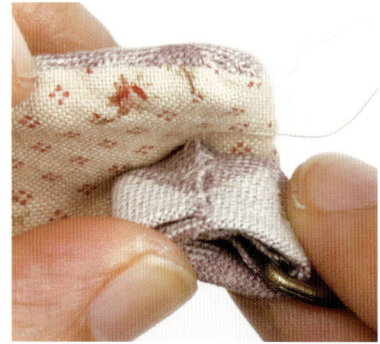

5mm

a. 고리의 이음부분이 안감 쪽에 닿게 하고 옆면보다 5mm 정도 튀어나오도록 놓는다.

b. 닿는 곳을 공그르기한다.

c. D링 고리를 꿰맨 겉모습

6. 앞,뒷면과 옆면 연결하기

① 뒷면 밑중심과 옆면 밑중심을 맞추고 끝과 끝을 맞춰 핀을 꽂은 후
사이사이도 맞춰 핀을 꽂는다. 퀼팅실 2겹으로 뒷면 겉과 옆면의 겉을
공그르기한다.

② 앞면과 옆면도 같은 방법으로 핀을 꽂고 공그르기한다.

③ 겉으로 뒤집으면 완성.

Tip 면끈으로 탈부착 가능한 끈 만들기

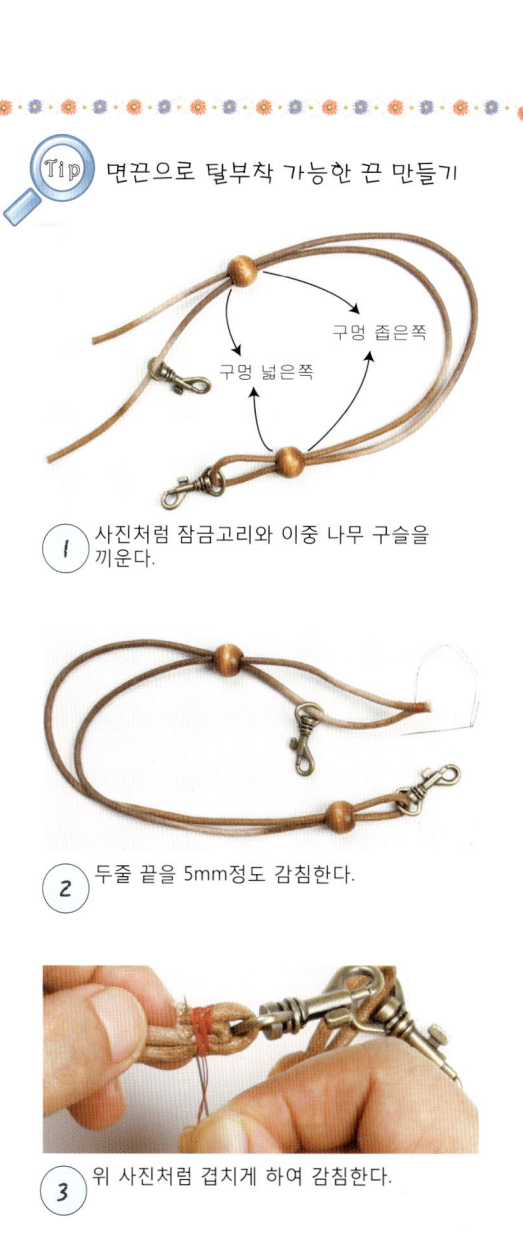

구멍 좁은쪽
구멍 넓은쪽

① 사진처럼 잠금고리와 이중 나무 구슬을
끼운다.

② 두줄 끝을 5mm정도 감침한다.

③ 위 사진처럼 겹치게 하여 감침한다.

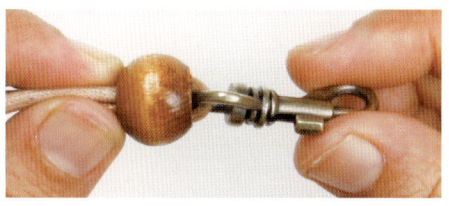

④ 나무 구슬로 연결부분을 가린다.

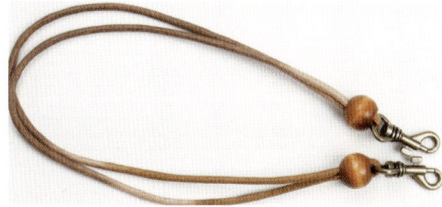

⑤ 완성된 모습

완스 퀼트가방 35

06

리넨 빅백

리넨과 잘 어울리는 심플한 디자인
앙증맞은 앞포켓이 포인트가 됩니다.

넣어도 넣어도 끝없이 들어갈 것 같은 커다란 빅백입니다.
크기가 너무 부담스러우면 옆면 폭을 조절해서 조금 작게도 만들 수 있답니다.

이 가방의 매력은 앙증맞은 포켓과 입구를 살포시 가려주는 날개지퍼에 있습니다.
다른 가방을 만들 때도 응용해 보세요.

프라스틱바닥을 넣었다 뺐다 할 수 있는 바닥포켓은
많은 수납에도 가방의 실루엣을 지켜줍니다.

하나하나 요긴한 가방 팁을 배울 수 있는 멋진 빅백에 도전해 보세요.

♥ 필요한 재료
리넨무늬 1/2마··리넨체크 1/3마··리넨 줄무늬 1/8마··안감 1마··싸개단추용 조각천과 프라스틱(2.7cm) 5개
지퍼 35cm··귀자석··퀼팅솜 접착 5온스··퀼팅솜 접착 2온스(지퍼날개,포켓옆면용)··프라스틱바닥 35x13.5cm
핸들(Hobby & Land 928-M)
참고:샘플은 두께감 있는 리넨을 사용하여 접착5온스를 사용하였으나 일반천 사용시 본체바닥과 옆면은 접착7온스를 권합니다.

♥ 완성크기
가로 35cm x 높이 30cm x 밑폭 15cm (끈 길이 제외)  실물본 A면

1, 재단하기 (리넨무늬천만 겉면에 그리고 나머지는 모두 안쪽면에 그린다)

① 리넨무늬 (시접 0.7cm따로)
본체 바탕 2장:빅백 본체바탕 실물본
  윗중앙,밑중앙,옆면위치를
  각각 표시하고
  앞면이 될 것에는 포켓위치와
  뚜껑위치도 표시한다.

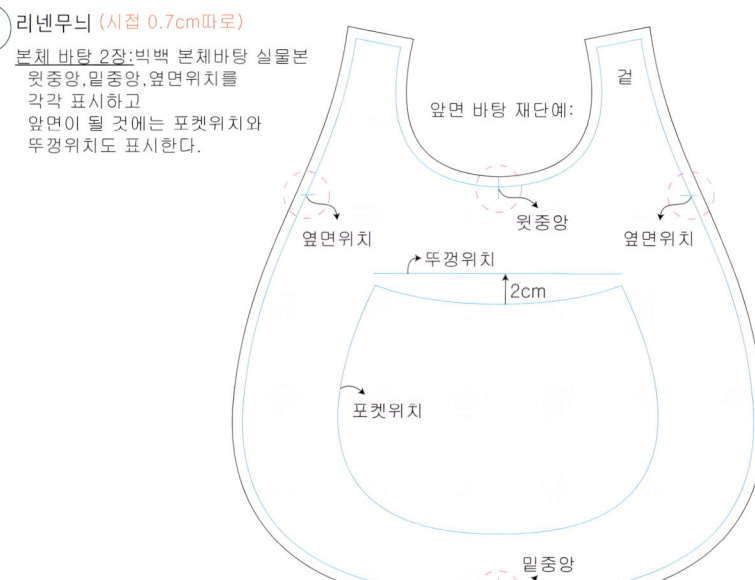

앞면 바탕 재단예: 겉
옆면위치   윗중앙   옆면위치
뚜껑위치
2cm
포켓위치
밑중앙

② 리넨체크 (시접 0.7cm따로)
본체 옆면:15x79cm
포켓 옆면:2.5x48cm
지퍼 날개 2장:지퍼날개 실물본
포켓 뚜껑:빅백뚜껑 실물본

③ 리넨 줄무늬 (시접 0.7cm따로)
포켓 앞면:리넨 줄무늬 실물본

④ 안감 (모두 시접 0.7cm따로)
본체 옆면:15x79cm
본체 바탕 2장:빅백 본체바탕 실물본
  윗중앙,밑중앙,옆면위치를 표시한다.
포켓 옆면:2.5x48cm
포켓 앞면:리넨 줄무늬 실물본
지퍼 날개 2장:지퍼날개 실물본
포켓 뚜껑:빅백뚜껑 실물본
바닥 포켓:35.5x28cm

⑤ 도트무늬
싸개단추용 5장:싸개단추 (시접 1cm따로)

2, 싸개단추 만들기 (포켓뚜껑용 1개,날개지퍼 장식용 4개)

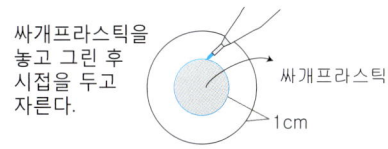
싸개프라스틱을
놓고 그린 후
시접을 두고
자른다.
싸개프라스틱
1cm

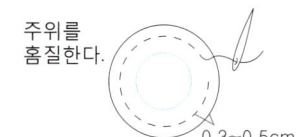
주위를
홈질한다.
0.3~0.5cm

싸개프라스틱의
오목한 부분이
보이게
올려놓는다.
오목한 부분

잡아당겨
마무리한다.

3, 포켓 뚜껑 만들기 (접착 5온스 퀼팅솜 사용)

① 퀼팅솜→겉감→안감 순으로 포갠 후
창구멍을 남기고 꿰맨다.

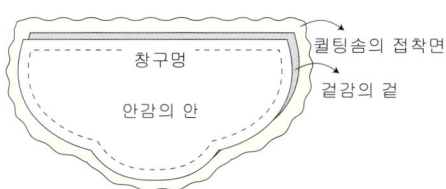
창구멍
안감의 안
퀼팅솜의 접착면
겉감의 겉

② 퀼팅솜이 보이도록 놓고
퀼팅솜을 꿰맨곳 가까이 자른다.

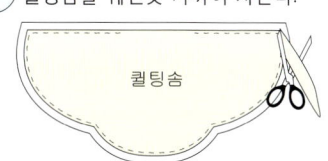
퀼팅솜

③ 안감이 보이도록 놓고
곡선과 코너에 가윗집을 준다.

안감의 안

④ 겉으로 뒤집어
창구멍은 공그리기하고
접착솜이 천에 붙도록
다림질한다.

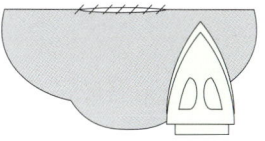

⑤ 끝에서 1cm 안쪽을
퀼팅한 후 겉면에는
싸개단추를
공그리기하고
안쪽에는 자석(⌒)을
꿰맨다.

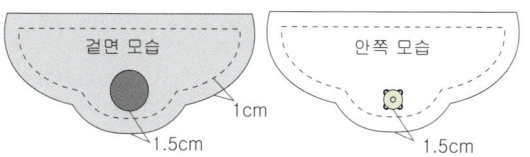
겉면 모습
1cm
1.5cm
안쪽 모습
1.5cm

4, 포켓 앞면 만들기 (접착 5온스 퀼팅솜 사용)

포켓뚜껑과 같은 방법으로 만든다.
적당한 줄무늬를 선택해 퀼팅하고
중앙에서 1.5cm 내려온 위치에
자석(⌒)을 꿰맨다.

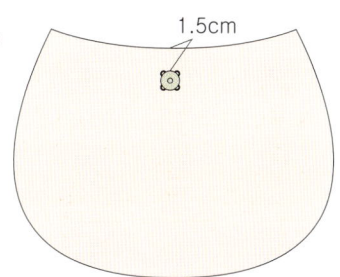
1.5cm

5. 포켓 옆면 만들기 (접착 2온스 퀼팅솜 사용)

1 퀼팅솜 위에 리넨체크 겉이 보이게 올려놓고 그위에 안감이 보이게 포갠 후 창구멍으로 한쪽 중앙에 5cm정도를 남기고 꿰맨다.

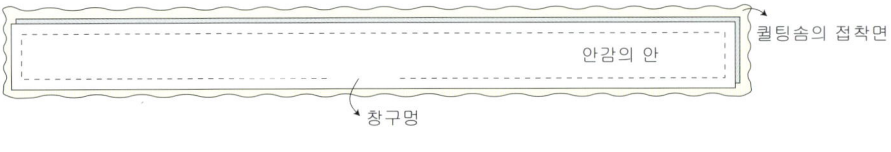

안감의 안 / 퀼팅솜의 접착면 / 창구멍

2 퀼팅솜을 꿰맨곳 가까이 정리하고 코너에는 가윗집을 준다.

퀼팅솜

3 뒤집어 창구멍은 공그르기한 후 접착솜이 천에 붙도록 다림질한다.

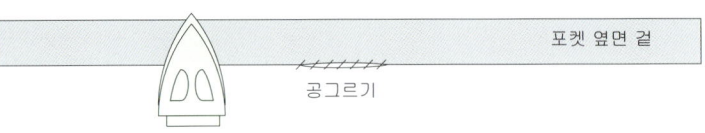

포켓 옆면 겉 / 공그르기

6. 포켓 앞면과 옆면 연결하기

1 앞면의 밑중앙과 옆면의 중앙을 맞춘 후 양끝을 맞춘다. 사이사이도 맞춰 핀을 꽂는다.

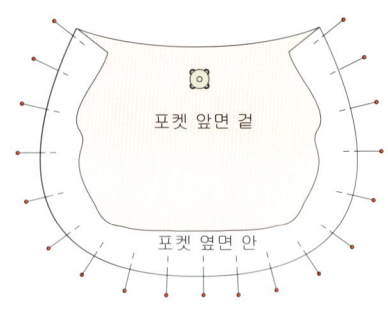

포켓 앞면 겉 / 포켓 옆면 안

2 퀼팅실 2겹으로 앞면의 겉과 옆면의 겉을 공그르기하여 연결한다.

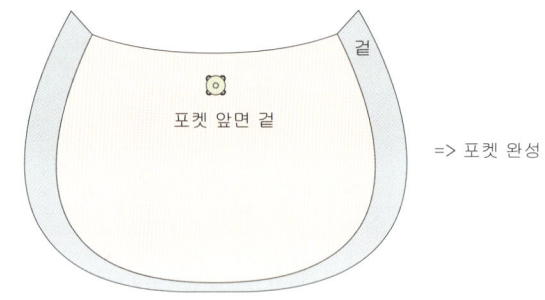

포켓 앞면 겉 / 겉 / => 포켓 완성

7. 바닥 포켓 만들기

1 겉끼리 마주보게 반을 접는다.

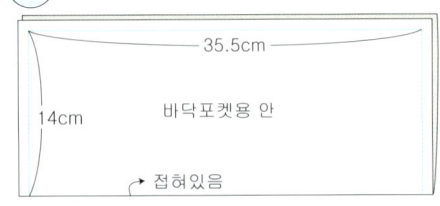

35.5cm / 14cm / 바닥포켓용 안 / 접혀있음

2 윗부분에 창구멍으로 6cm가량 남기고 꿰맨 후 코너에 가윗집을 준다.

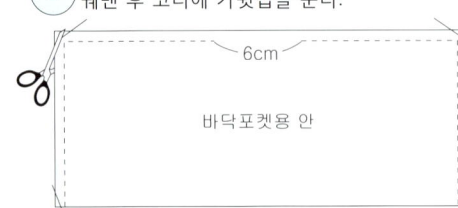

6cm / 바닥포켓용 안

3 겉으로 뒤집어 창구멍은 공그르기한다.

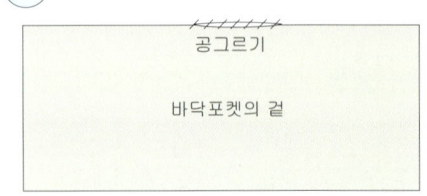

공그르기 / 바닥포켓의 겉

8. 본체 옆면 만들기 (두께감 있는 리넨을 사용하여 접착 5온스 퀼팅솜을 사용하였으나 일반천은 접착 7온스 사용을 권합니다)

1 ~ **3** 포켓 옆면 만들기를 참조하여 진행한다. 창구멍은 8cm가량 남긴다.

4 중앙선과 중앙에서 양쪽으로 3.5cm띄운 선을 그린 후 충분히 시침하고 퀼팅한다. 밑중앙 위치를 표시해둔다.

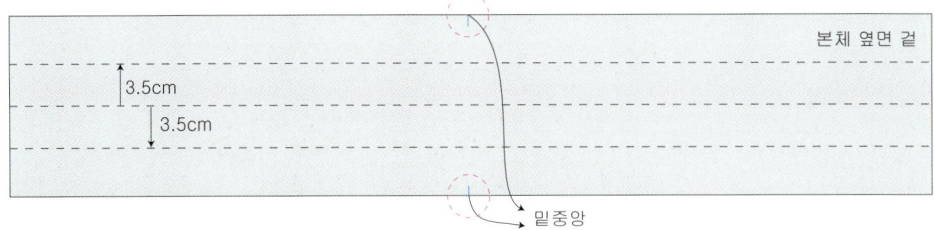

본체 옆면 겉 / 3.5cm / 3.5cm / 밑중앙

5 안감쪽 중앙에 바닥포켓을 올려놓고 빨간색 표시 부분을 공그르기한다.

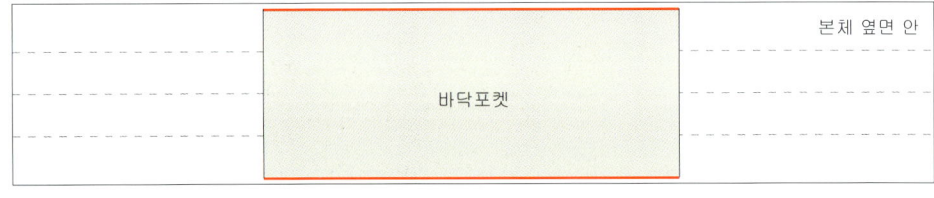

본체 옆면 안 / 바닥포켓

9, 앞, 뒷면 만들기 (두께감 있는 리넨을 사용하여 접착 5온스 퀼팅솜을 사용하였으나 일반천은 접착 7온스 사용을 권합니다)

① 퀼팅솜 → 리넨 무늬
→ 안감 순으로 포갠다.
코너와 표시부분들을
잘 맞춰 핀을 꽂은 후
아래에 8cm 정도의
창구멍을 남기고
꿰맨다.

퀼팅솜의 접착면
리넨무늬천의 겉
안감의 안
창구멍(8cm)

② 퀼팅솜은 꿰맨 곳
가까이 정리하고
코너와 곡선부분에
가윗집을 준 후
겉으로 뒤집는다.

안감의 안

③ 창구멍은 공그르기한 후
접착솜이 천에 붙도록
다림질한다.

겉
공그르기

④ 중앙과 중앙에서
3cm 간격으로
퀼팅선을 그린 후
충분히 시침하고
퀼팅한다.

겉
3cm
3cm

⑤ 포켓과 포켓뚜껑을 표시위치에
사진처럼 올려놓고 핀을 꽂은 후
빨간색 표시부분을 공그르기한다.

퀼팅실 2겹으로 겉감의 끝쯤을
본체에 공그르기한다.

포켓의 경우 옆면 윗부분
7mm가량을 본체에
공그르기한다.

=> 앞면 완성

7mm

⑥ 뒷면도 같은 방법으로 만든다.
포켓없이 퀼팅만 해서 준비한다.

10.날개 지퍼 만들기 (접착 2온스 퀼팅솜 사용)

1 퀼팅솜 → 겉감 → 안감 순으로 포갠 후 창구멍을 5cm 가량 남기고 꿰맨다

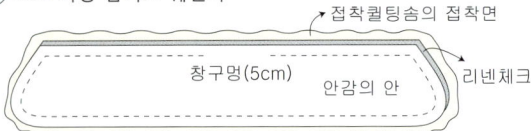

접착퀼팅솜의 접착면
창구멍(5cm)
안감의 안
리넨체크

2 퀼팅솜이 보이도록 놓고 퀼팅솜을 꿰맨 곳 가까이 자른다.

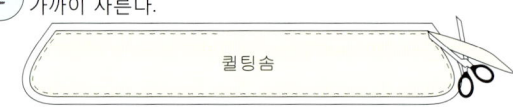

퀼팅솜

3 안감이 보이도록 놓고 코너와 곡선부분에 가윗집을 준 후 겉으로 뒤집는다.

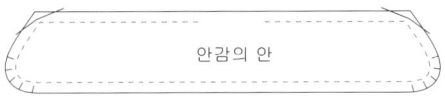

안감의 안

4 창구멍은 공그르기한 후 접착솜이 천에 붙도록 다림질한다 => 2개 만든다.

공그르기
겉

5 지퍼부분이 1cm가량 보이도록 맞춰 핀을 꽂고 천 끝쯤을 반박음질로 꿰맨다. 양끝은 튼튼하게 되박음한다.

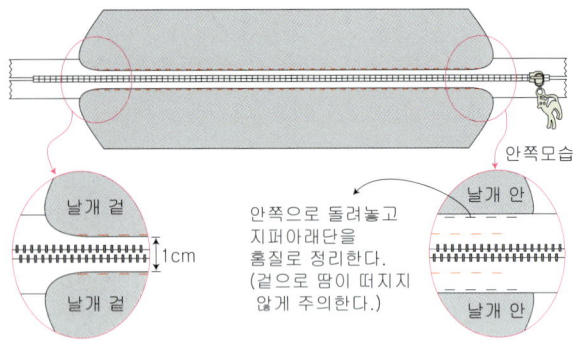

안쪽모습

날개 겉
날개 겉
1cm
날개 안

안쪽으로 돌려놓고 지퍼아래단을 홈질로 정리한다. (겉으로 땀이 떠지지 않게 주의한다.)

날개 안

6 양끝을 싸개단추로 장식한다. 싸개단추의 안쪽 위에 지퍼끝을 대충 고정시키고 나머지 한쪽을 마저 포갠 후 싸개단추끼리 공그르기한다.

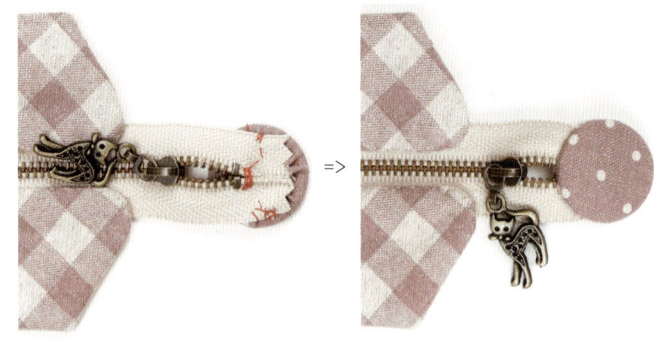

=>

11.앞,뒷면의 안쪽에 날개 지퍼 꿰매기

1 앞(뒷)면 겉에 표시해 둔 옆면위치에 핀을 꽂는다.

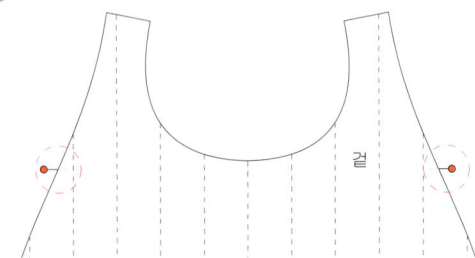

겉

2 안감쪽에 핀을 연결한 선을 그린다.

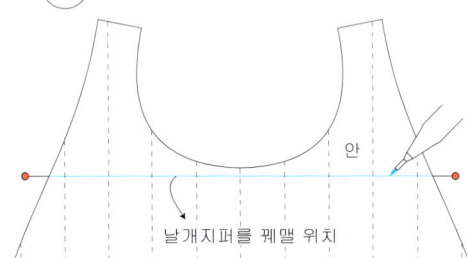

안

날개지퍼를 꿰맬 위치

3 그선과 날개지퍼의 끝을 맞춰 올려놓고 핀을 꽂은 후 퀼팅실 2겹으로 공그르기한다.

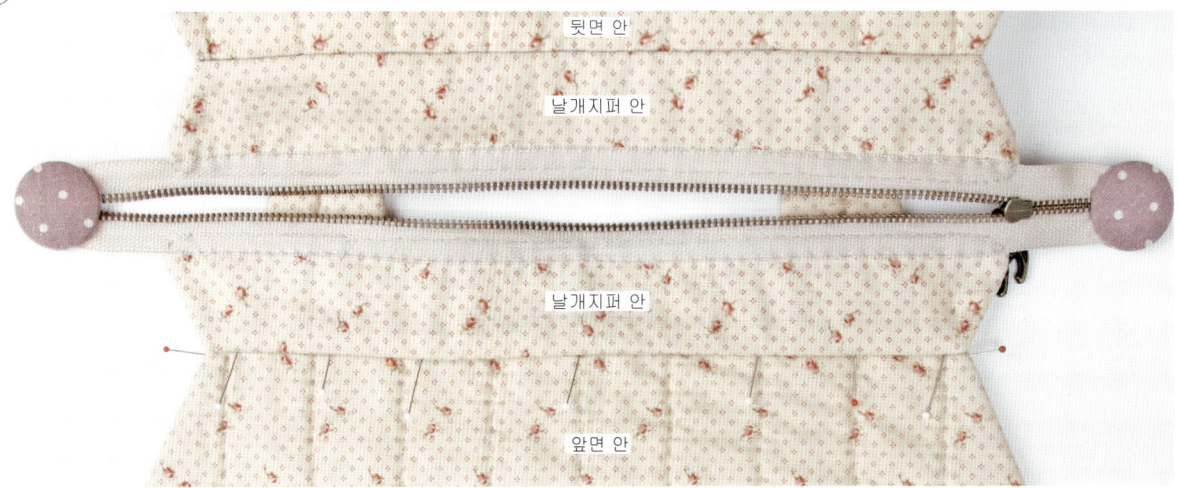

뒷면 안
날개지퍼 안
날개지퍼 안
앞면 안

12. 앞(뒷)면에 옆면 연결하기

앞면 겉

옆면 안

(1) 앞면과 옆면을 겉끼리 마주보게 핀을 꽂는다. 밑중앙과 옆면위치를 맞춘 후 사이사이를 맞춘다.

(2) 퀼팅실 2겹으로 앞면 겉과 옆면 겉을 공그리기한다. 끝부분은 튼튼하게 되박음 한다.

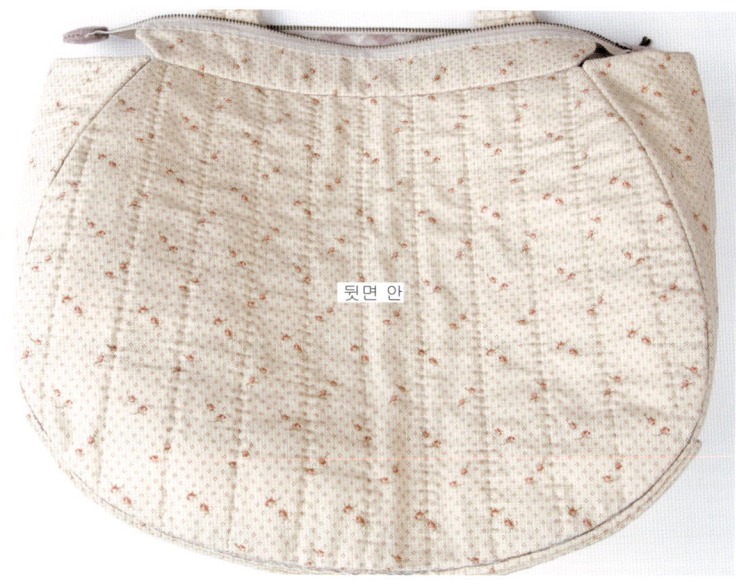

뒷면 안

(3) 뒷면도 같은 방법으로 핀을 꽂고 공그리기로 연결한다.

(4) 바닥포켓에 프라스틱을 끼워 넣은 후 겉으로 뒤집는다.

13. 핸들 꿰매기

본체의 끝을 핸들의 링에 끼워 넣고 접어 핀을 꽂아본다(길이 조정). 끝부분을 퀼팅실 2겹으로 공그리기한다.

약 3cm

Part B

조각잇기하여 만든 백

퀼트의 매력은 조각천들의 멋진 조화가
세상에 둘도 없는 작품을 만드는 것이겠지요?
조각조각 이어 붙여 정성 가득한 나만의 멋진 가방을 만듭니다.

07

베이직 토트백

기본형 디자인의 토트백으로
응용하기에 따라 여러가지 크기와 디자인이 가능합니다.

2단 베이직 토트백

3단 베이직 토트백

이렇게 만들었어요~

2단 베이직 토트백

- ♥ **필요한 재료**
  체크 8종 9x18cm씩‥무지 1/4마‥안감 1/4마‥지퍼 30cm‥퀼팅솜 접착5온스
  프라스틱바닥 19x6cm‥핸들(Hobby & Land 1073)
- ♥ **완성크기**
  가로 26cm x 높이 14cm x 밑폭 7cm (끈 길이 제외)

3단 베이직 토트백

- ♥ **필요한 재료**
  체크 8종 9x27cm씩‥무지 1/4마‥안감 1/4마‥지퍼 30cm‥퀼팅솜 접착5온스
  프라스틱바닥 19x6cm‥핸들(Hobby & Land 1076)
- ♥ **완성크기**
  가로 26cm x 높이 21cm x 밑폭 7cm (끈 길이 제외)

1. 재단하기 (모두 천의 안쪽 면에 그린다)

1 조각체크 : 7x7cm (시접0.7cm따로)
2단 베이직토트백 : 8종 각 2장씩
3단 베이직토트백 : 8종 각 3장씩

2 무지
입구용 정바이어스 : 3.5x57cm (시접포함)
밑면 : 21x 7cm (시접0.7cm따로)

3 안감
본체안감 :옆그림 참조 (시접0.7cm따로)
프라스틱 바닥싸개 :21x14cm (시접포함)

참고 :
본체안감과 조각체크는
방안대지(모눈마분지)를 이용해
실물본을 만들어 사용하는 것이 편하다.

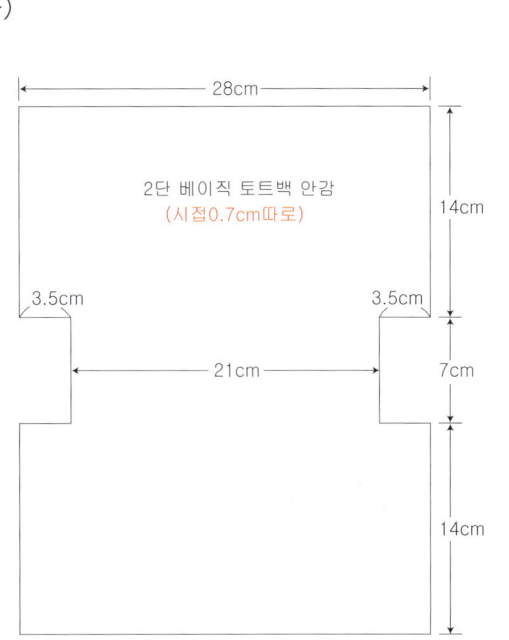

2단 베이직 토트백 안감
(시접0.7cm따로)

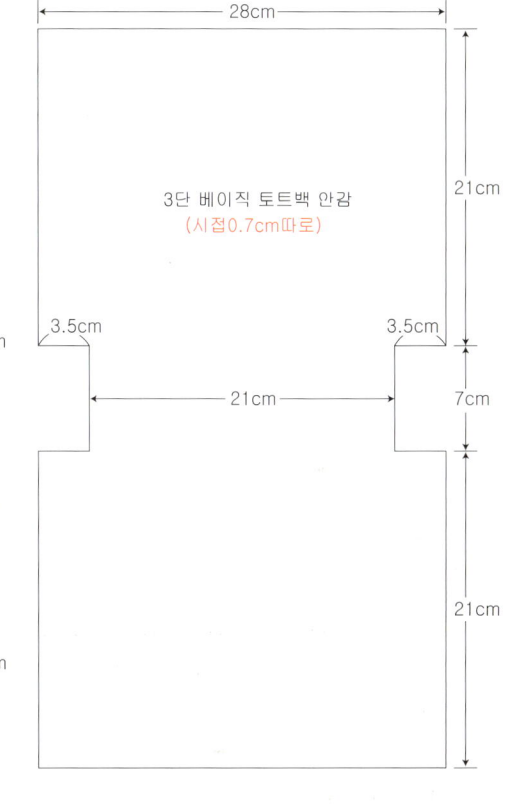

3단 베이직 토트백 안감
(시접0.7cm따로)

2. Top 만들기

완성선에서 완성선까지만 꿰매고 시접은 화살표 방향으로 넘긴다.

1 조각을 이어붙여 각단을 만든다.
(검정색으로 표시)

2 단끼리 이어붙인다.
(파랑색으로 표시)

3 밑면을 꿰맨다.
(빨간색으로 표시)

4 다림질하여 시접을
깔끔하게 정리한다.

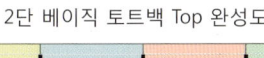

2단 베이직 토트백 Top 완성도

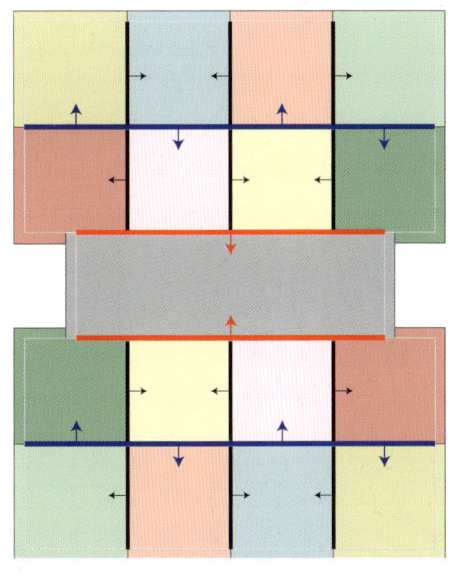

3단 베이직 토트백
Top 완성도 =>

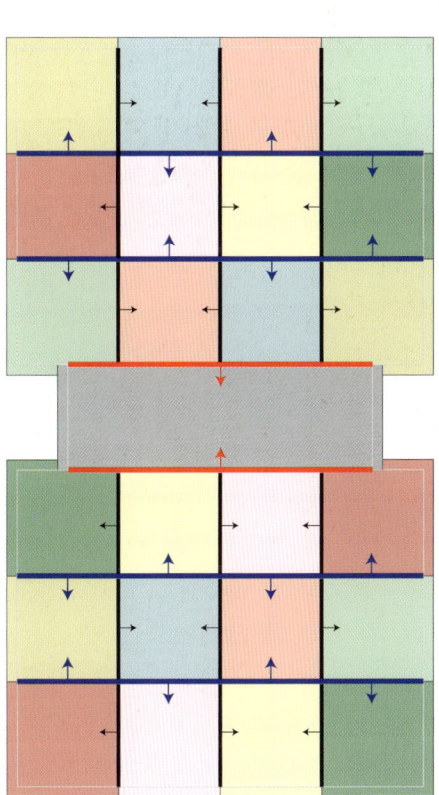

참고 : 3단 베이직 토트백의 나머지 진행과정은 2단 베이직 토트백과 같으므로 언급을 생략함

3. 퀼팅솜→Top→안감 순으로 꿰매서 뒤집기

① 퀼팅솜의 접착면 위에 Top을 올려놓고 위,아래 Top끝에서 3mm 안쪽을 각각 시침한다. 시침한 곳의 퀼팅솜은 Top에 맞춰 정리한다.

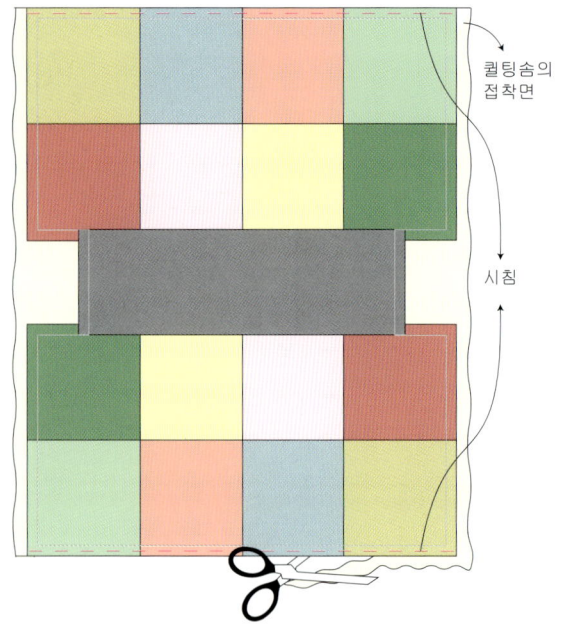

퀼팅솜의 접착면

시침

② 그위에 안감의 안이 보이게 올린 후 Top과 안감을 잘맞춰 핀을 꽂고 양옆을 끝에서 끝까지 꿰맨다.

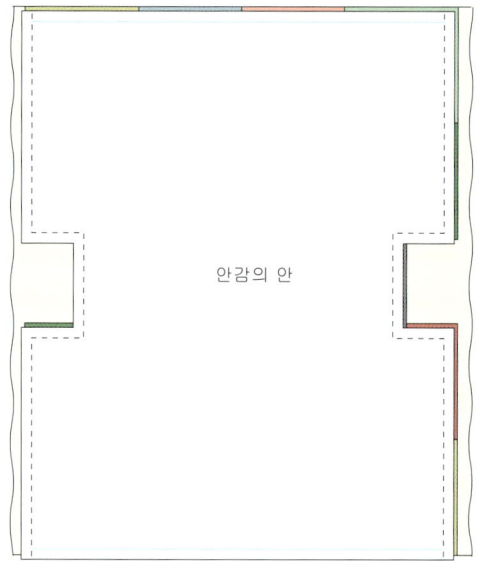

안감의 안

③ 퀼팅솜이 보이게 놓고 꿰맨 곳의 퀼팅솜을 꿰맨 곳 가까이 정리한다.

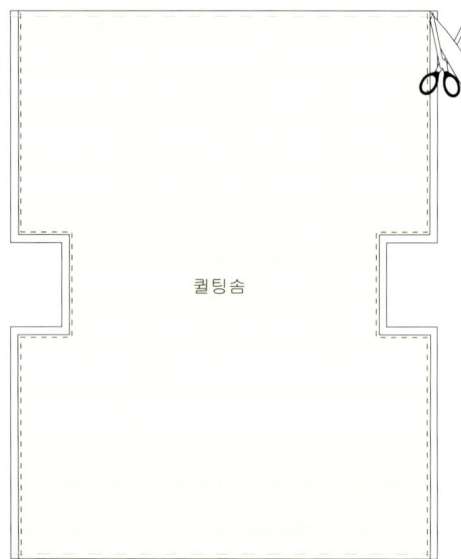

퀼팅솜

④ 안감이 보이도록 돌려놓고 코너와 구석진 곳에 가윗집을 준다.

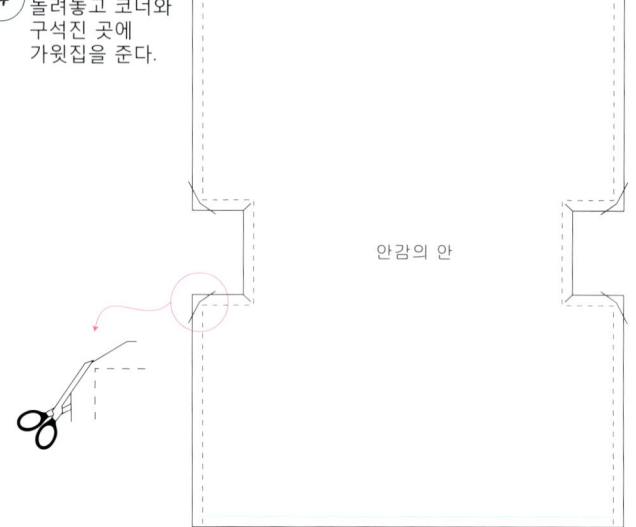

안감의 안

⑤ 겉으로 뒤집어 모양을 정리한다. 입구부분의 Top,퀼팅솜,안감을 잘맞춰 핀을 꽂은 후 끝에서 3mm 안쪽을 시침해서 고정시킨다

쏙 들어간 부분은 양손으로 잡고 펴주어 모양을 잡는다.

⑥ 모양을 정리한 후 다림질하여 접착솜이 천에 붙도록 한다.

4. 퀼팅선 그리기

대각선들을 그린다. 위,아래는 바인딩으로 마무리 될 부분이므로
위,아래는 끝에서 0.7cm 안쪽을 대각선의 끝점으로 잡아야한다.

0.7cm

바인딩으로
마무리 될 부분

5. 퀼팅하기

시침실로 충분히 시침한 후 선따라 퀼팅한다.

6. 반을 접어 옆선 연결하기

반을 접어 끝끼리 잘 맞추고 조각연결선도 맞춰 핀을 꽂는다.
퀼팅실 2겹으로 겉감과 겉감을 공그르기하여 옆선을 연결한다.

7. 밑면 만들기

옆중심과 밑중심을 맞추고 나머지도 맞춰 핀을
꽂은 후 공그르기하여 밑면을 만든다.

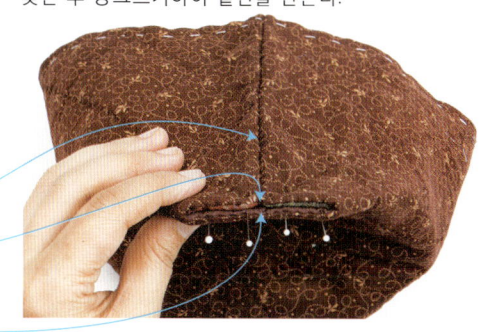

8. 겉으로 뒤집어 입구를 정바이어스(3.5x57cm :시접포함)로 바인딩처리한다.

① 바인딩용 천의
안쪽에 0.7cm 선을
긋는다.

바인딩용 천의 안 0.7cm

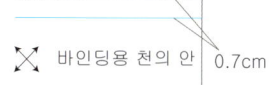

② 뒷중앙부터 0.7cm 접고 핀을 꽂은 후 2cm가량
남기고 반박음질로 꿰매기 시작한다.

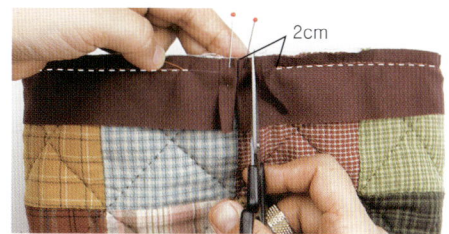

③ 끝에서도 2cm가량 남긴 곳까지만 꿰맨다.
시작부분처럼 0.7cm접고 여유분은 자른다.

④ 바인딩 양끝을 맞대어 핀을 꽂고 0.7cm위치를
꿰매 끝을 연결시킨다.

⑤ 꿰맨 시접은 가름솔한 후 꿰매지 않고
남겨두었던 부분(약 4cm)을 마저꿰맨다.

⑥ 바인딩 천의 겉이 보이도록 위로 젖힌 후
손자국을 내가며 다듬는다.

⑦ 안쪽에서 바인딩천을 0.7cm접어가며 손자국을
낸 후 꿰맨 바느질선이 살짝 가려지게 핀을
꽂고 공그르기하여 마무리한다.

9.지퍼를 꿰맨다.

① 지퍼쇠끝을 옆선과 나란하게 하여 핀을 꽂는다. 옆선에서 3mm정도 띄운다.

② 사진처럼 꺾어 핀을 꽂는다.지퍼 쇠끝과 바인딩 끝을 맞춰가며 탱탱하게 핀을 꽂아 나간다.

③ 옆면 연결선에서 7mm 띄운 곳까지만 핀을 꽂는다.

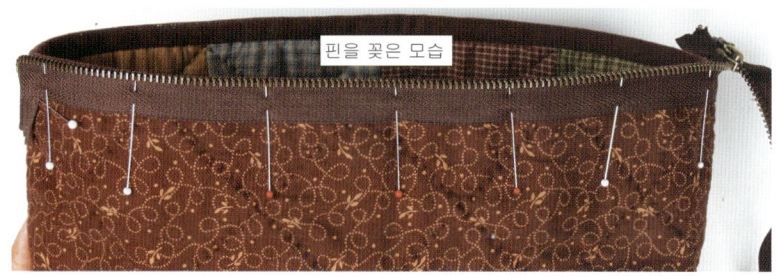

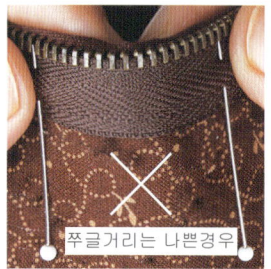

④ 지퍼 쇠끝에서 6~7mm내려온 위치를 옆면에서 7mm띄운 곳부터 꿰매기 시작한다. 시작부분은 튼튼하게 여러 번 되박음하여 꿰맨다.

⑤ 홈질로 꿰매도 되나 땀이 너무 크게 떠지면 반박음질로 꿰맨다. 반박음질할 경우 뒤로가는 땀을 2mm 내로 뜨도록 한다.

⑥ 끝부분에서도 튼튼하게 여러번 꿰맨다.

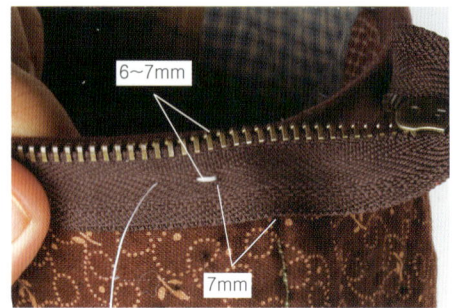

⑦ 지퍼 아래단은 들뜨지 않도록 홈질로 정리한다.

⑧ 반대쪽 지퍼는 양끝을 각각 꿰매진쪽과 같도록 맞춰 핀을 꽂고 난 후 나머지 사이사이를 맞춰 꽂는다. 지퍼를 꿰매기전에 앞뒤가 잘 맞는지 확인하기 위해 핀은 지퍼와 나란히 꽂는다.

⑨ 겉으로 뒤집어 지퍼를 닫아본다. 앞뒤가 어긋나지 않는지 확인 후 잘 맞지 않았으면 핀을 다시 꽂고 또 확인하여 앞뒤를 꼭 맞춘다.

⑩ 같은 방법으로 지퍼를 꿰맨다. 지퍼가 맞물려 있는 쪽은 옆선에서 7mm남겨둔 곳까지만 꿰매도록 한다. 지퍼아래는 홈질로 정리한다.

10.바닥 싸개 만들기

① 바닥싸개용(21x14cm:시접포함) 안감을 길게 반을 접고 한쪽 옆과 아래에 1cm 선을 그린 후 꿰맨다.

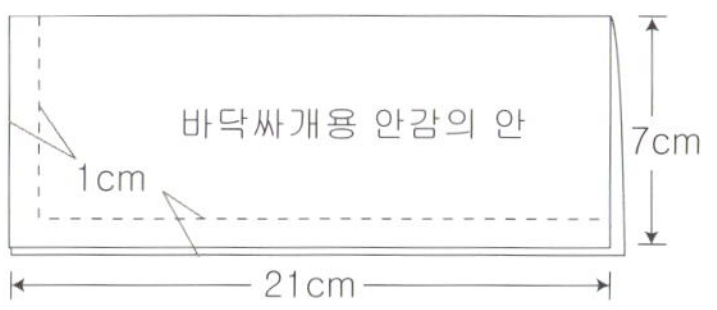

바닥싸개용 안감의 안

1cm

7cm

21cm

② 겉으로 뒤집어 바닥용 프라스틱을 집어넣는다. 입구부분은 시접을 안으로 접어넣고 공그르기한다.

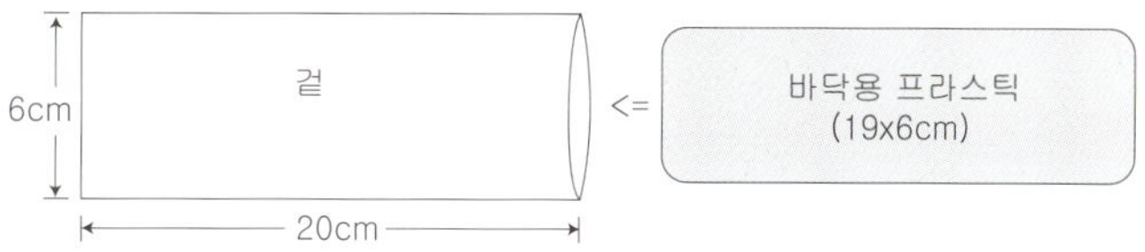

6cm

겉

20cm

<= 바닥용 프라스틱 (19x6cm)

③ 완성된 바닥싸개를 가방 바닥에 느슨하게 몇군데만 꿰맨다.

11.핸들 달기

겉으로 뒤집어 바인딩에서 4.5cm 내려온 위치에 핸들을 꿰맨다. 가운데 V자부분은 꿰매지 않는다.

4.5cm

Tip 단과 열을 더하거나 빼면 옆의 예처럼 여러형태의 가방을 만들 수 있다.

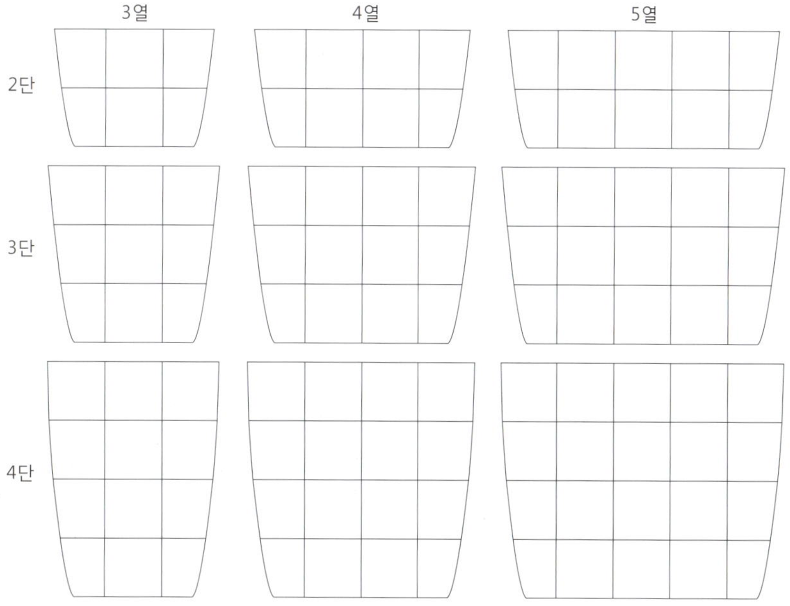

3열   4열   5열

2단

3단

4단

Tip 기본 조각의 크기를 키우거나 줄여서도 만들 수 있다.

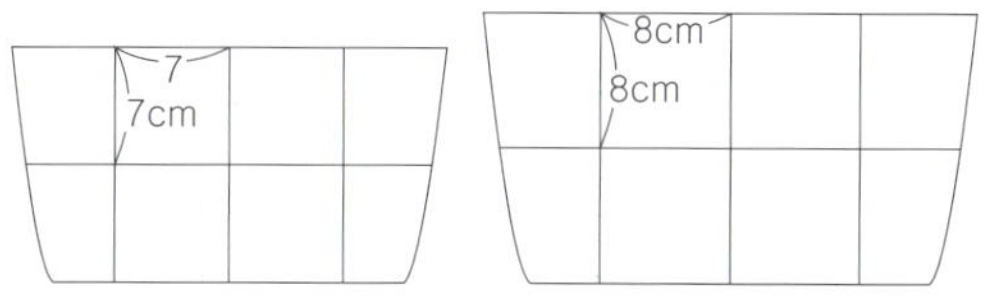

7
7cm

8cm
8cm

Tip 기본 조각을 여러 조각으로 나눠서 만들 수도 있다.

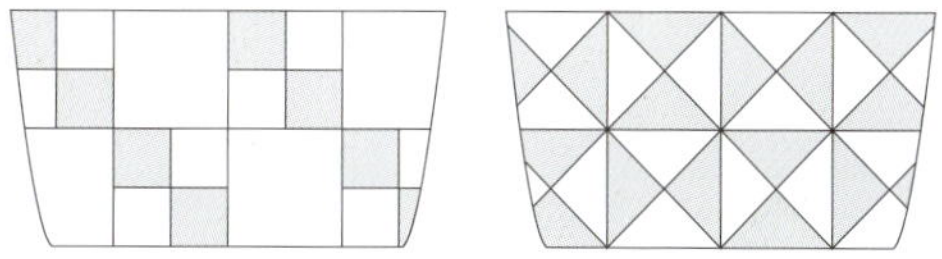

09

삼각패치 물병가방

08

사각패치 물병가방

이렇게 만들었어요~

♥ **필요한 재료** (08~09 작품 중 하나를 만드는데 필요한 재료)
바탕,입구용,안감 각 1/8마씩‥조각천 5종‥면끈 35cm‥퀼팅솜 4온스‥지름 1.5cm 싸개프라스틱 2개
핸들(하비랜드 9133)

♥ **완성크기**
지름 7cm x 높이 19cm(조리개 포함,끈 길이 제외) `실물본 C면`

1,재단하기 (모두 천의 안쪽 면에 그린다)

① 바탕
윗부분 1장:24x7.5cm ┐
아래부분 1장:24x1.5cm ┘ (시접0.7cm따로)
바닥 1장:실물본
D링고리용 2장:4x4cm (시접포함)

② 안감 (모두 시접0.7cm따로)
본체용 안감 1장:24x15cm
바닥 1장:실물본

③ 조각천 (모두 시접0.7cm따로)
사각패치의 경우:
　질은색 4종 각 2장씩:3x3cm
　옅은색 8장:3x3cm

삼각패치의 경우:
　질은색 4종 각 2장씩:실물본 A
　옅은색 16장:실물본 B

④ 줄무늬
입구 1장:25.5x11cm (시접포함)
조리개 끈고정용 1장:4x3cm (시접포함)
조리개 끈막음용 2장:싸개단추 (시접0.7cm따로)

2,조리개 입구 만들기

① 입구용(25.5x11cm :시접포함)을 길게 반을 접고
양옆에서 1cm띄운 선을 그린다.끈통로를 위해
접힌 곳에서 1cm 남긴 곳까지만 그린다.

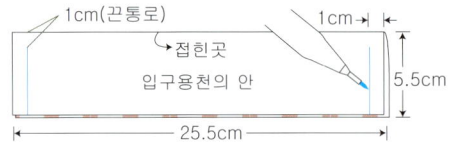
1cm(끈통로)
접힌곳
입구용천의 안
1cm
5.5cm
25.5cm

② 그린선대로
양옆을
꿰맨다.
접힌곳
입구용천의 안

③ 겉으로 뒤집어 접힌 곳에서
1cm 내려온 곳을 퀼팅하여
끈 통로를 만든다.

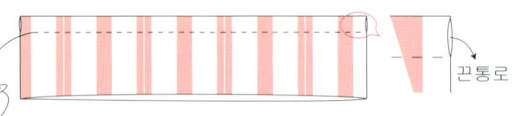
끈통로

3,핸들 준비하기

① D링 고리용천 접기

고리용
4x4cm　=>　그림처럼 접는다　=>　다시 반을 접는다

② 고리를 D링에 끼워 고정시킨다.

D링을 끼운다 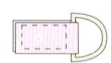 => 양끝을 맞춰 D링이
움직이지 않도록 꿰맨다.

같은 방법으로 핸들끝에 있는 D링에도 고리를 고정시킨다.

핸들의 안쪽
핸들의 겉쪽

4,바닥 만들기

① 퀼팅솜 위에 겉감의
겉이 보이도록 놓고
그 위에 안감의 안이
보이게 놓는다

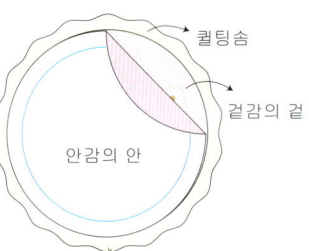
퀼팅솜
겉감의 겉
안감의 안

② 창구멍을
남기고
꿰맨다

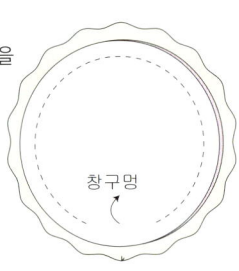
창구멍

③ 퀼팅솜이 보이게 놓고
퀼팅솜을 꿰맨 곳
가까이 자른다.
창구멍부분은
완성선 가까이
자른다.

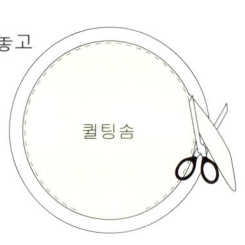
퀼팅솜

④ 안감이 보이도록 놓고
가윗집을 준다.

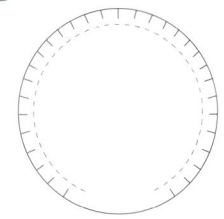

⑤ 겉으로 뒤집어
창구멍은 공그르기한다.

공그르기

⑥ 실물본(지름 4.8cm인 원)을
만들어 중앙에 놓고 선을 그린다.

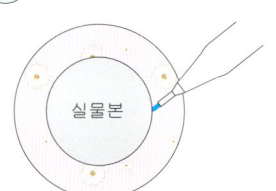
실물본

⑦ 퀼팅한다.

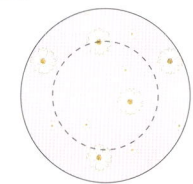

5.본체 만들기

1 조각잇기 (굵은선부분을 꿰맨 후 시접은 화살표 방향으로 넘긴다)

사각패치:

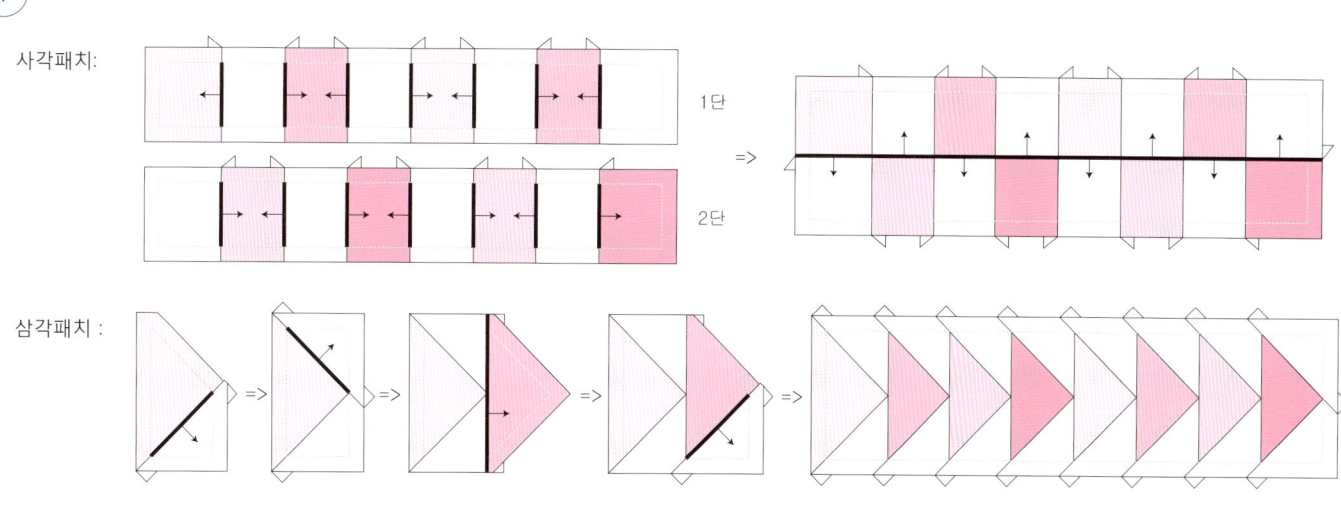

삼각패치 :

2 윗부분과 아래부분을 각각 연결한 후 시접은 화살표 방향으로 넘긴다.

사각패치: 삼각패치 :

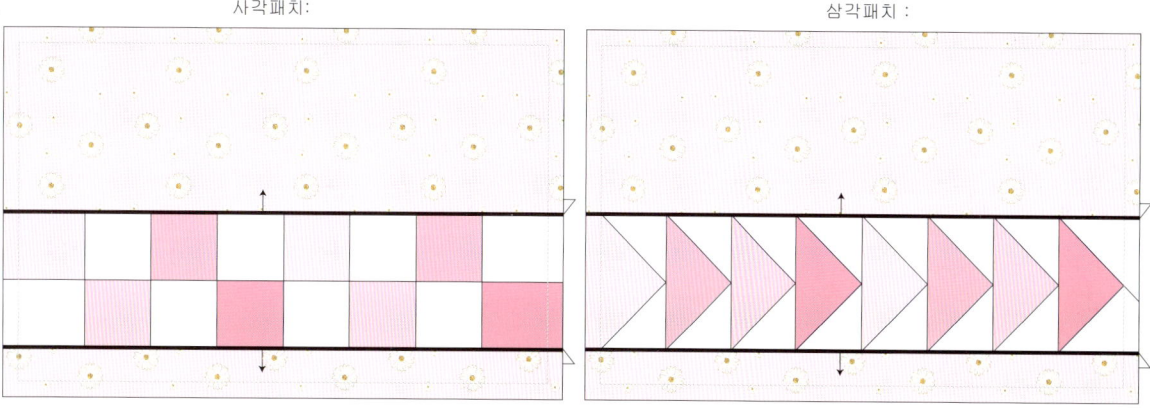

3 위와 아래에 세로로 퀼팅선을 그린다. 사각패치에는 대각선을 그린다 => Top 완성

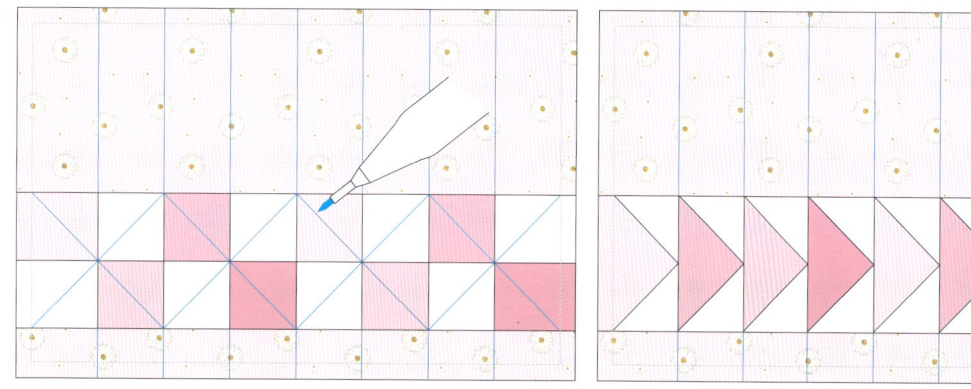

4 퀼팅솜 위에 Top을 올려놓고 D링 고리를 그림위치에 각각 시침한다. Top보다 2mm정도 올라가게 시침한다.

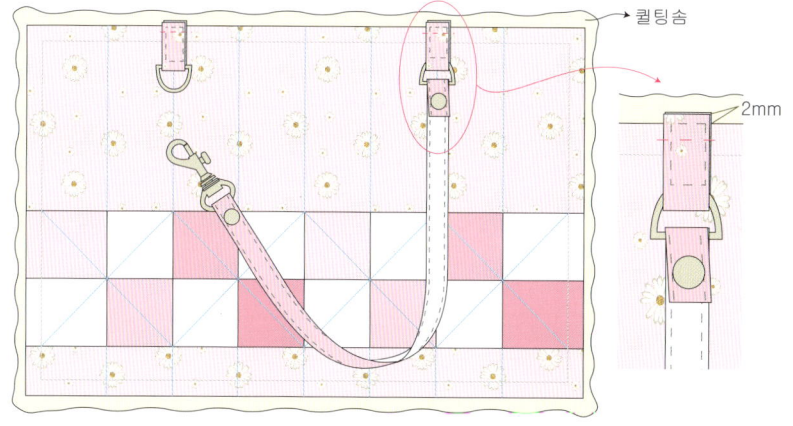

퀼팅솜

2mm

5 그위에 조리개 입구를 중앙에 맞춰 시침한다.

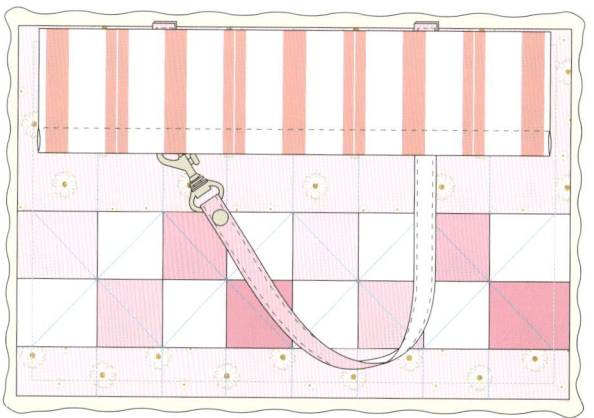

6 그위에 안감을 안이 보이게 올려놓고 Top과 안감을 잘 맞춰 핀을 꽂는다.

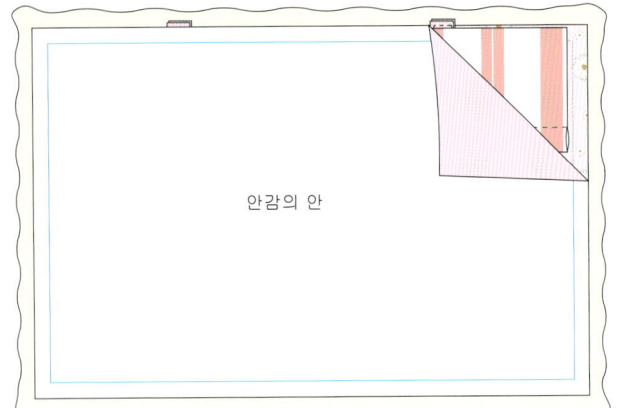

안감의 안

7 한쪽 옆면에 창구멍으로 6cm가량 남기고 꿰맨다.

1cm

창구멍(6cm)

안감의 안

8 퀼팅솜이 보이게 놓고 퀼팅솜을 꿰맨 곳 가까이 정리한다.
창구멍부분은 완성선 가까이 정리한다.

퀼팅솜

9 안감쪽이 보이게 놓고 코너에 가윗집을 준다.

안감의 안

10 겉으로 뒤집어 모양을 정리한 후 창구멍은 공그르기한다.

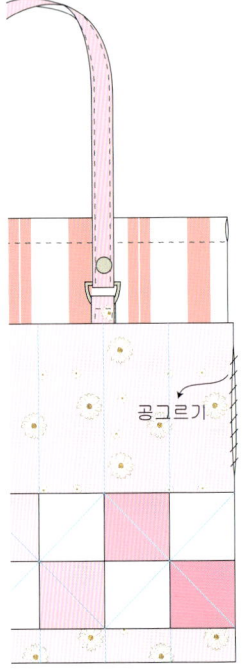

공그르기

11 시침실로 전체적으로 시침한 후 퀼팅한다. 삼각패치의 경우에는 조각 연결선에서 1mm가량 띄워가며 시접이 넘어간 반대편에 퀼팅한다

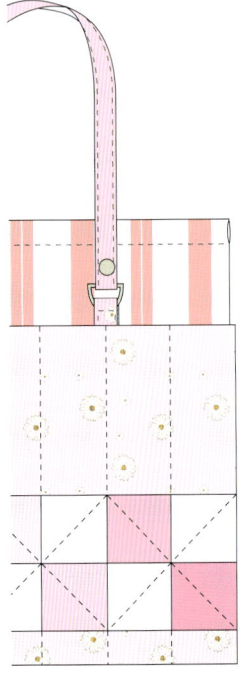

사각패치 퀼팅모습

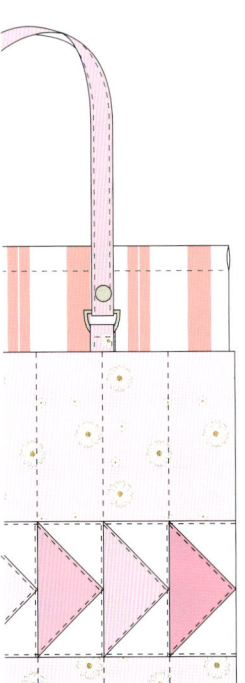

삼각패치 퀼팅모습

12 양옆을 겉끼리 마주보게 핀을 꽂고 겉면과 겉면을 공그르기하여 연결한다 => 본체완성

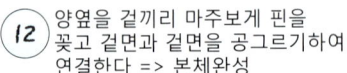

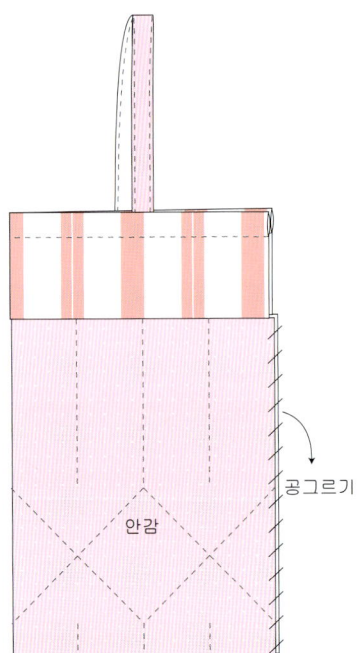

안감

공그르기

6. 본체와 바닥 연결하기

① 본체와 바닥을 겉끼리
    마주보게 맞춰 핀을 꽂는다.

바닥 안감

본체 안감

② 본체의 겉면과 바닥의 겉면을
    공그르기하여 연결한다.

③ 겉으로 뒤집어 놓는다.

7. 조리개 끈 만들기

조리개 끈 완성모습

끈 고정용 링
(가방의 입구를 조였다 풀었다 하기 위한 것)

끈 막음 장식

① 끈 막음 장식 만들기
    싸개단추 2개를 만들어 끈 끝을 사이에 넣고 공그르기하여 장식한다.

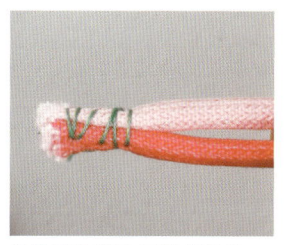

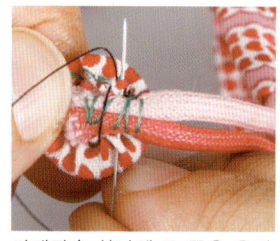

끈통로에 끈을 통과 한다음
끝을 나란히 잡고 0.7cm 정도
감침한다.

싸개단추 하나에 끈 끝을 올려
놓고 대충 감침하여 고정시킨다

나머지 하나를 포갠 후
공그르기한다

싸개단추 만들기

싸개용 프라스틱이
앏으므로 시접은
7mm정도 둔다.

7mm   싸개프라스틱

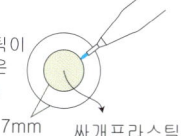

주위를
홈질한다

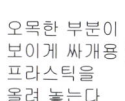

오목한 부분이
보이게 싸개용
프라스틱을
올려 놓는다

오목한부분

잡아당겨
고정시킨다

② 끈 고정용 링 만들기
    끈을 둘러싼 링을 타이트하게 만들어 입구를 조이거나 풀 수 있도록 한다.

3x4cm 로 재단한다.

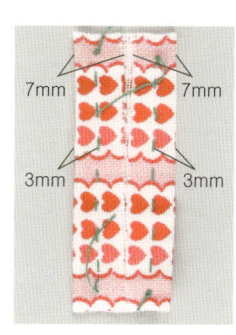

7mm   7mm

3mm   3mm

양옆을 7mm씩 접고
양끝에서 3mm위치를
각각 홈질한다.

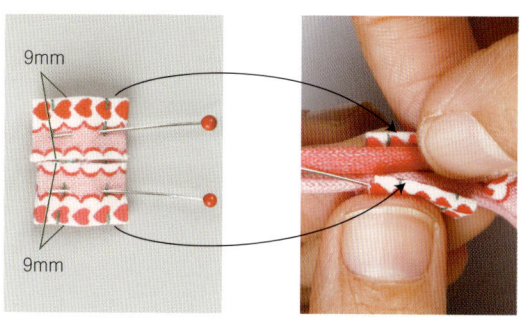

9mm

9mm

위,아래를 9mm씩 접어
핀을 꽂아 놓는다.

끈을 둥그렇게 감싸지게
공그르기로 연결한다.

스퀘어 빅백

단순한 사각 패턴이지만
퀼팅라인에 따라 또다른 느낌의 백으로 탄생합니다.

♥ 필요한 재료

바탕천 1/2마 ‥ 안감 2/3마 ‥ 조각천 15종 ‥ 지퍼 45cm ‥ 퀼팅솜 7온스 ‥ 바닥용 프라스틱(32x10cm)
자석 2개 ‥ 장식단추 2개(직경 1.7cm) ‥ 접착심 32x16cm ‥ 핸들(Hobby & Land 22710)

♥ 완성크기

넓게펼쳤을 때 가로 45cm x 높이 25cm x 밑폭 12cm (핸들 길이 제외)   실물본 C면

1, 재단하기 (모두 천의 안쪽 면에 그린다)

① 바탕천

옆면 1장:12x84.5cm
윗부분 2장:5x35cm
가방입구용 2장:7x26cm   (시접0.7cm따로)
포켓 2장:12x14cm
지퍼장식 4장:실물본
바인딩용:4x95cm (시접포함)

② 안감

옆면용 1장:겉면천보다 2~3cm 여유있게 사용(옆면 만들기 참조)
앞, 뒤 각 1장씩:Top보다 1cm씩 여유있게 사용
바닥싸개용 1장:34x22cm (시접포함)
포켓 2장:12x14cm (시접0.7cm따로)

③ 조각천

실물본A 총 26장
실물본B 2장   (시접0.7cm따로)
실물본B 뒤집은 것 2장

④ 접착심

가방입구용 2장:7x26cm (시접X)
지퍼장식용 2장:실물본 (시접X)

2, 앞, 뒷면 만들기

① 조각을 완성에서 완성까지 꿰매 각 단을 만든다. 시접은 화살표 방향으로 넘긴다.

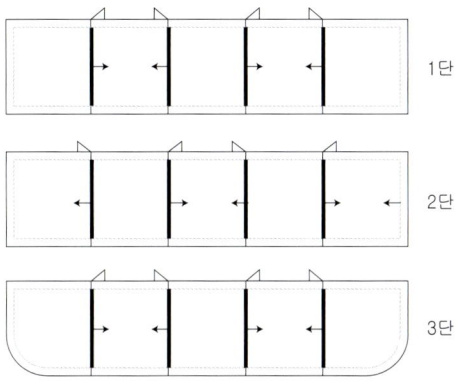

1단
2단
3단

② 각단을 끝에서 끝까지 꿰매 이어 붙인다. 시접은 화살표 방향으로 각각 넘겨 바람개비시접으로 만든다.

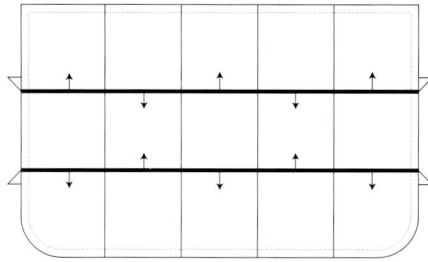

③ 윗부분을 연결한다. 시접은 윗쪽으로 보낸다.

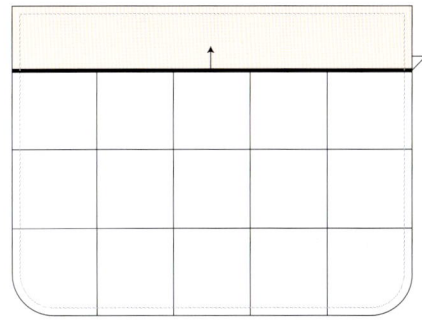

④ 겉면에 수성펜으로 각사각형의 중앙위치와 윗부분에도 그림처럼 위치를 각각 표시한다.

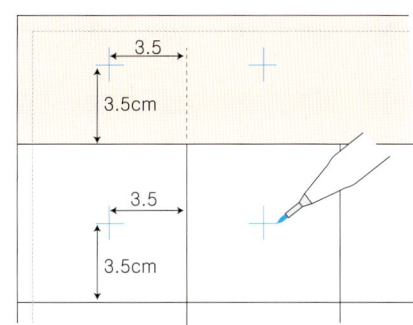

3.5
3.5cm
3.5
3.5cm

⑤ 퀼팅용 실물본을 표시위치에 맞춰 퀼팅선을 그린다 => Top 완성

⑥ 안감의 안쪽위에 퀼팅솜을 올리고 그위에 Top을 올려놓는다. 충분히 시침한 후 그려 놓은 선따라 퀼팅한다.

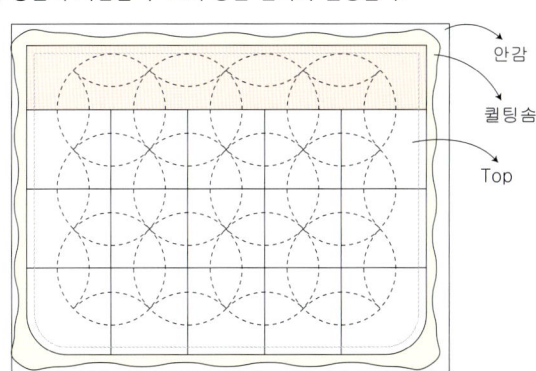

안감
퀼팅솜
Top

⑦ Top끝에서 3mm안쪽을 시침한 후 Top에 맞춰 퀼팅솜과 안감을 정리한다. 밑중앙 위치를 표시한다.

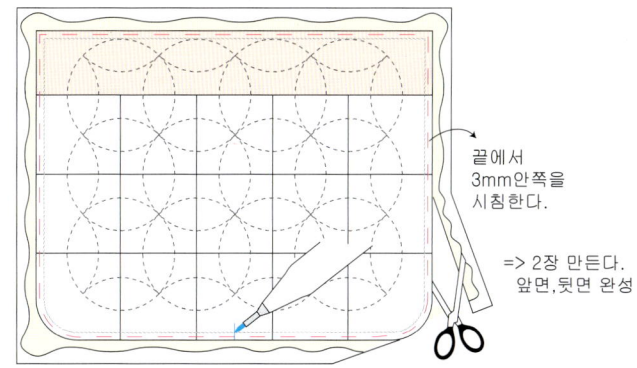

끝에서 3mm안쪽을 시침한다.

=> 2장 만든다.
앞면, 뒷면 완성

3.옆 포켓 만들기

① 겉감의 겉에 중앙선을 그린 후 2cm 간격의 퀼팅선을 그린다.

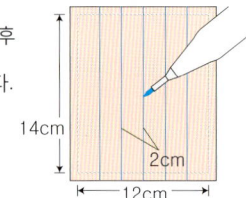

14cm
12cm
2cm

② 퀼팅솜 위에 겉감을 겉이 보이게 올리고 양옆을 시침한 후 양옆 퀼팅솜을 겉감에 맞춰 정리한다.

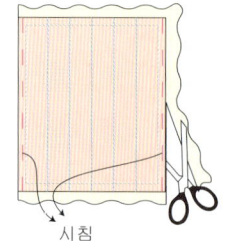

시침

③ 그위에 안감을 안이보이게 올려놓고 위와 아래를 꿰맨다.

안감의 안

④ 퀼팅솜이 보이도록 놓고 위와 아래 퀼팅솜을 각각 꿰맨선 가까이 정리한다.

퀼팅솜

⑤ 겉으로 뒤집어 양옆의 겉감과 안감을 잘 맞춰 시침한 후 퀼팅한다.
=> 2장 만든다.

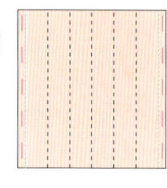

4.옆면 만들기

① 겉면에 중앙선을 그린 후 2cm간격의 선을 그린다.

2cm
겉감의 겉

② 안감의 안쪽위에 퀼팅솜을 올리고 그위에 겉감을 겉이 보이게 놓는다. 충분히 시침한 후 퀼팅한다.

(주의:앞뒤판과 옆면을 꿰맨 후 시접을 감싸 정리하기 위해 안감을 2~3cm 더 크게 둔다. 양끝 여유분은 많지 않아도 됨)

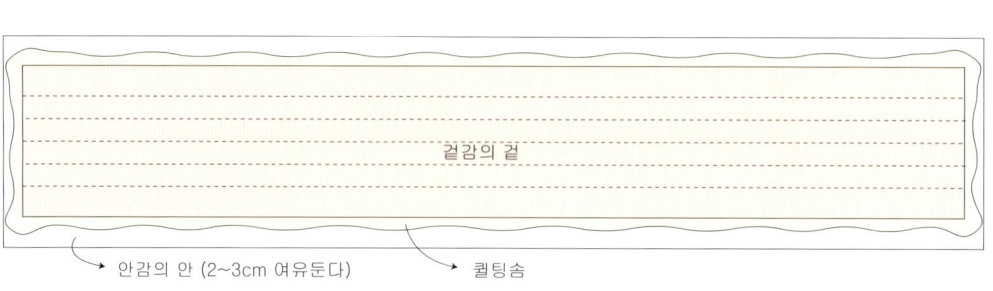

겉감의 겉

안감의 안 (2~3cm 여유둔다)   퀼팅솜

③ 퀼팅이 끝난후 양끝만 겉면에 맞춰 퀼팅솜과 안감을 정리한다.

④ 겉면천 끝에서 3mm안쪽을 시침한 후 나머지 퀼팅솜을 겉면에 맞춰 정리하고 안감은 겉감보다 1.5cm 여유를 두고 정리한다.

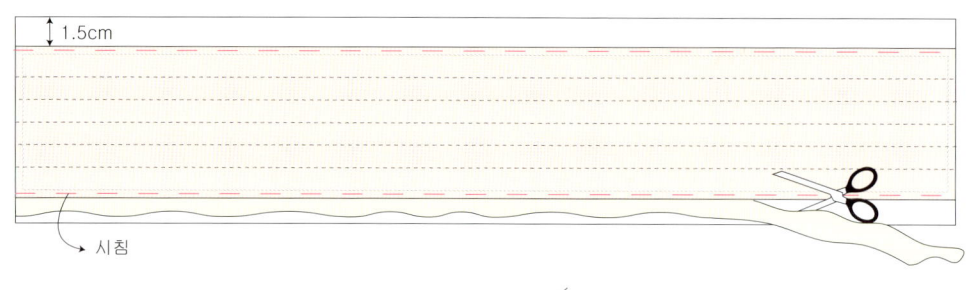

1.5cm

시침

⑤ 옆면 각 끝에서 10cm 떨어진곳(옆그림 참조)에 포켓(포켓만들기 참조)을 각각 시침한 후 포켓의 밑면이 될부분만 공그르기로 붙인다. 밑중앙 위치를 표시한다.

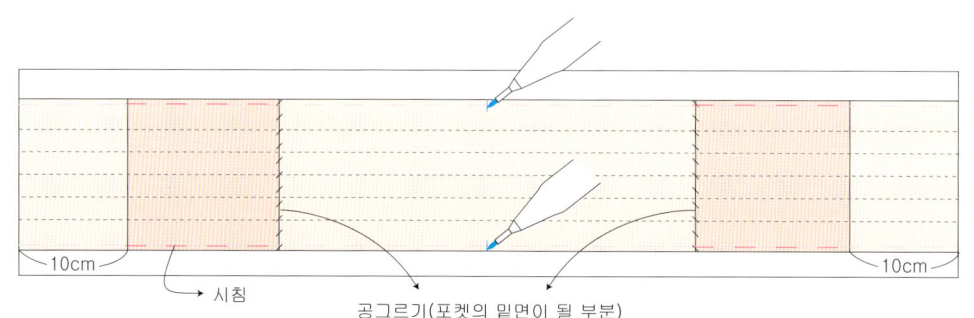

10cm   시침   공그르기(포켓의 밑면이 될 부분)   10cm

5. 앞, 뒷면에 옆면잇기

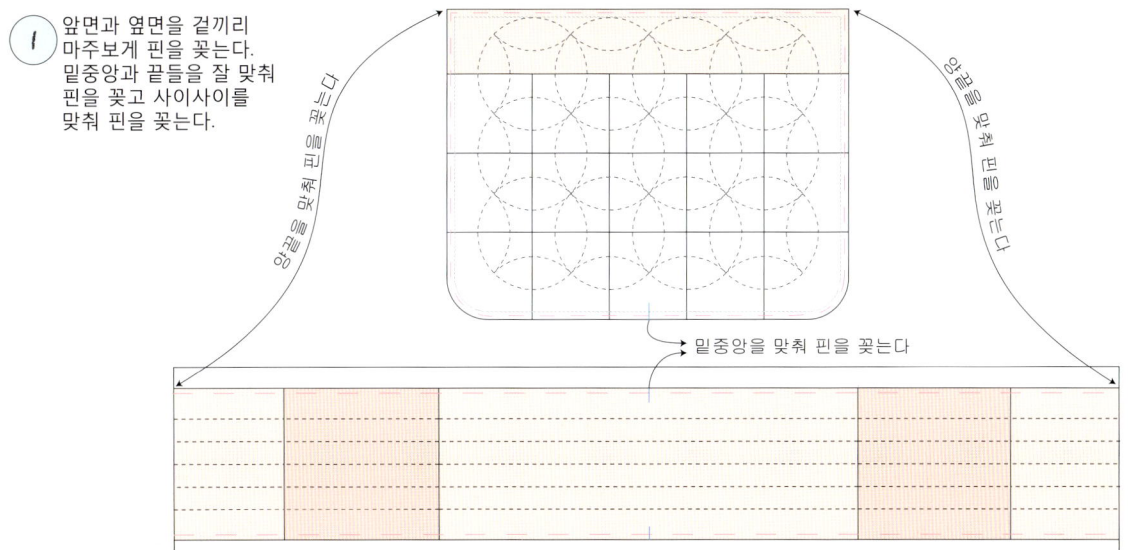

① 앞면과 옆면을 겉끼리
마주보게 핀을 꽂는다.
밑중앙과 끝들을 잘 맞춰
핀을 꽂고 사이사이를
맞춰 핀을 꽂는다.

양끝을 맞춰 핀을 꽂는다

양끝을 맞춰 핀을 꽂는다

→ 밑중앙을 맞춰 핀을 꽂는다

② 반박음질로 튼튼하게 꿰맨다.

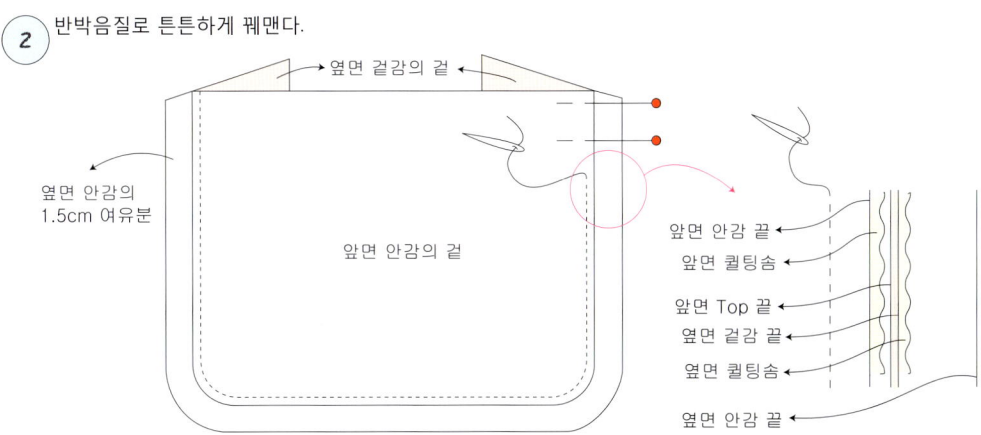

옆면 겉감의 겉

옆면 안감의
1.5cm 여유분

앞면 안감의 겉

③ 꿰맨곳의 시침실은 제거한다.
천들을 들춰가며 퀼팅솜을
꿰맨 곳 가까이 잘라낸다.
(천을 자르지 않도록 주의)

앞면 안감 끝
앞면 퀼팅솜
앞면 Top 끝
옆면 겉감 끝
옆면 퀼팅솜
옆면 안감 끝

④ 옆면 안감의 여유분을
0.7cm가량 접고
꿰맨 곳의 시접이
앞면쪽으로 눕혀지도록
핀을 꽂고 공그르기한다.

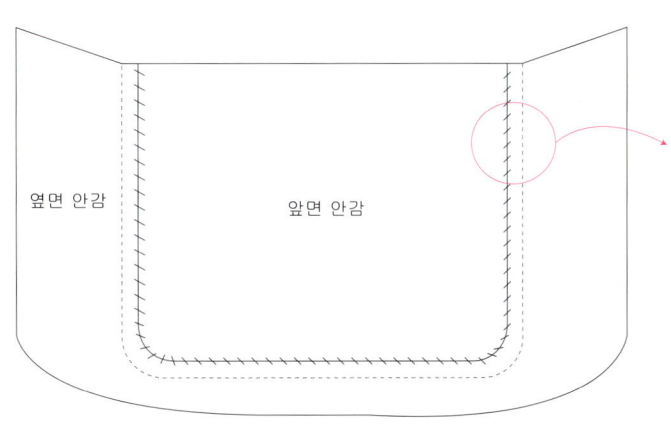

옆면 안감

앞면 안감

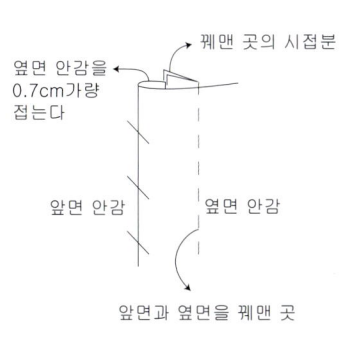

꿰맨 곳의 시접분

옆면 안감을
0.7cm가량
접는다

앞면 안감   옆면 안감

앞면과 옆면을 꿰맨 곳

⑤ 비슷한 방법으로 뒷면도 연결한다.

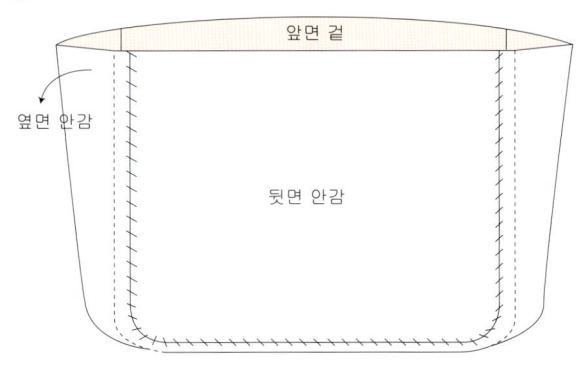

앞면 겉

옆면 안감

뒷면 안감

⑥ 겉으로 뒤집는다 => 본체완성

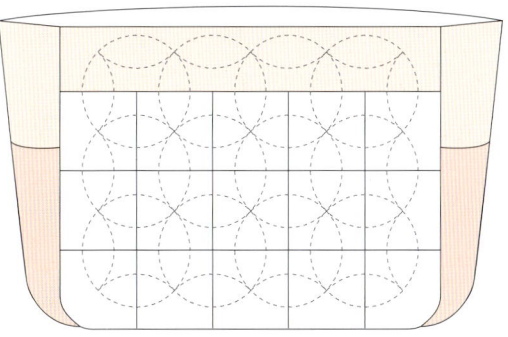

6,지퍼장식 만들기

① 실물본대로 재단한 접착심을 시접을 두고
재단한 천 안쪽에 다림질하여 붙인다.

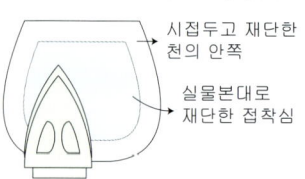

시접두고 재단한
천의 안쪽

실물본대로
재단한 접착심

② 뒷면(접착심 없는천)과 겉끼리
마주보게 포갠 후 창구멍을 남기고
접착심을 따라 꿰맨다.

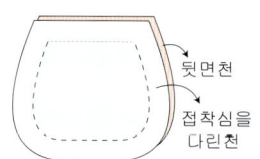

뒷면천

접착심을
다린천

③ 겉으로 뒤집어 창구멍의 시접을
안쪽으로 접어넣어 모양을 다듬는다.

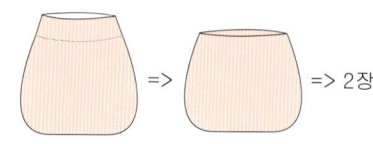

=> => 2장

④ 지퍼의 양끝에 끼워넣고
지퍼장식의 입구부분과
지퍼를 공그르기한다.

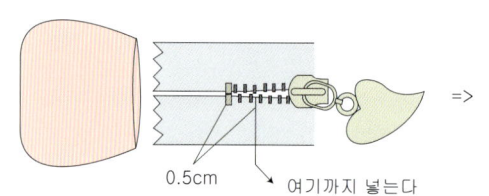

0.5cm
여기까지 넣는다

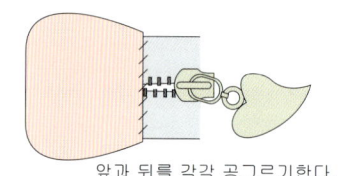

앞과 뒤를 각각 공그르기한다.

7,날개지퍼 만들기

① 날개부분 천의 안쪽 중심에
접착심을 올려놓고 다린다.

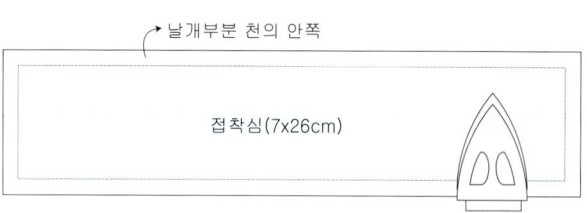

날개부분 천의 안쪽

접착심(7x26cm)

② 겉면끼리 마주보게 반을 접은 후
양옆을 접착심을 따라 꿰맨다.

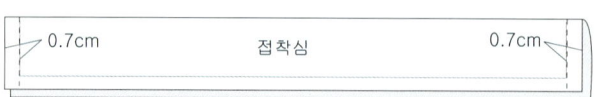

0.7cm 접착심 0.7cm

③ 겉으로 뒤집어 끝과 끝을 잘
맞추고 다림질하여 정리한 후
중앙을 표시한다=> 날개완성

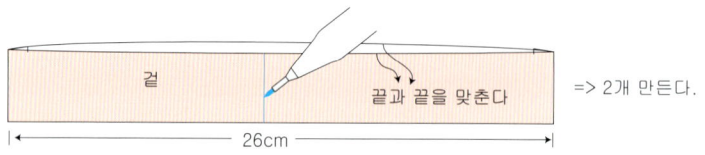

겉 끝과 끝을 맞춘다 => 2개 만든다.

26cm

④ 지퍼위에 한쪽 날개를 올려놓고 지퍼중심과 날개의 중심을 먼저 맞춰 핀을 꽂는다. 지퍼쇠에서 0.2cm가량 띄워가며 핀을 꽂는다.
천끝쯤을 반박음질로 꿰맨다. 시작과 끝부분은 튼튼하게 되박음한다. 반대쪽 날개는 이미 꿰맨쪽과 잘 맞춰 핀을 꽂은 후 꿰맨다.

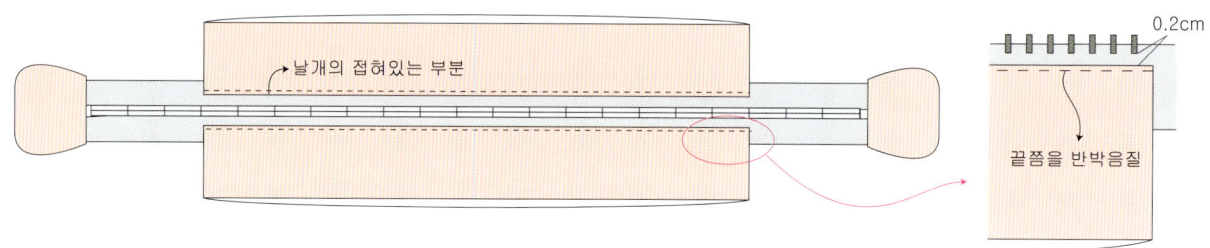

날개의 접혀있는 부분

0.2cm

끝쯤을 반박음질

8,날개지퍼를 본체 입구에 시침한다,

앞 뒷면의 안쪽에 각각 시침한다. 지퍼를 열어놓고 본체의 중앙과 날개의 중앙부터 맞춰 핀을 꽂은 후 시침한다.

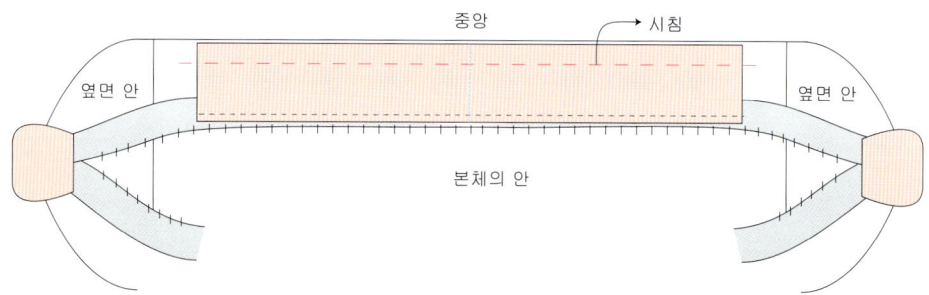

중앙 시침

옆면 안 옆면 안

본체의 안

9.옆중앙에서 시작하여
  바인딩(4x95cm :시접포함)처리한다.
 (가방입구 바인딩하는 방법 참조)

참고:푸서방향으로 천을 재단한 경우에는
     약간 당겨서 탱탱하게 핀을 꽂은 후
     바느질해야 예쁘게 마무리 된다.
    (식서방향은 사용금지)

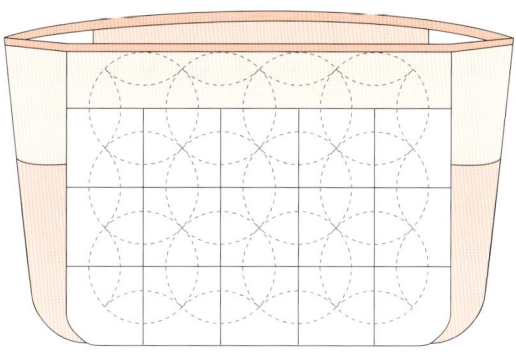

가방입구 바인딩하는 방법

a.바인딩천의 안쪽면에
  0.7cm선을 그린다.

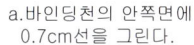
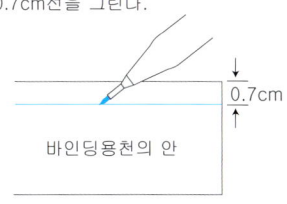

0.7cm

바인딩용천의 안

b.0.7cm접고 핀을 꽂은 후
  2cm남겨 두고 꿰매기 시작한다.

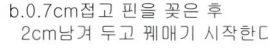
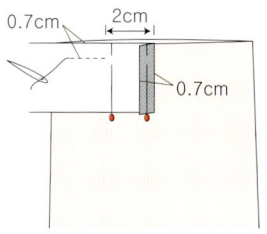

0.7cm   2cm
0.7cm

c.끝에서도 시작처럼 2cm 남겨둔
  곳까지만 꿰매고 시작부분과 맞춰
  접은 후 0.7cm남기고 여유분은 자른다.

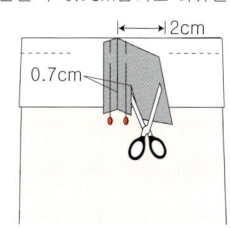

2cm
0.7cm

d.처음 접은 부분과 끝에서
  접은 부분을 들춰서 연결한다.

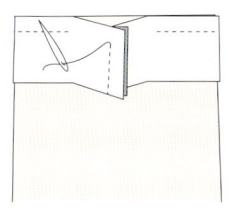

e.시접을 가름솔로 넘긴 후
  꿰매지 않은 나머지를 꿰맨다.

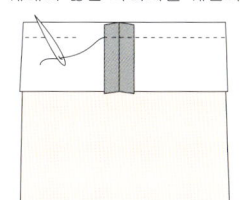

f.뒤집어 안쪽에서 0.7cm씩
  접어 넣어가며 공그르기한다.

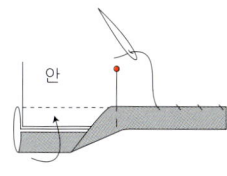

안

10.자석 꿰매기

① 양 옆 포켓에
   자석(🔲)을 꿰맨다.
   포켓끝에서
   0.7cm 내려온
   중앙에 꿰맨다.

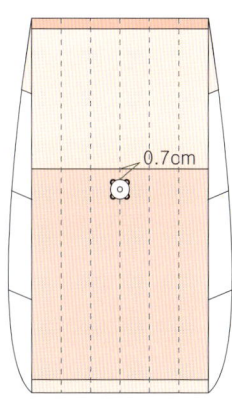

0.7cm

② 지퍼장식의 중심에
   단추와 자석을 꿰맨다.
   단추를 겉면에 꿰맨 후
   자석(🔲)을 안쪽에 꿰맨다.

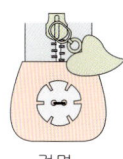
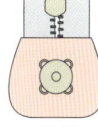

겉면   안쪽

11.핸들을 꿰맨다.

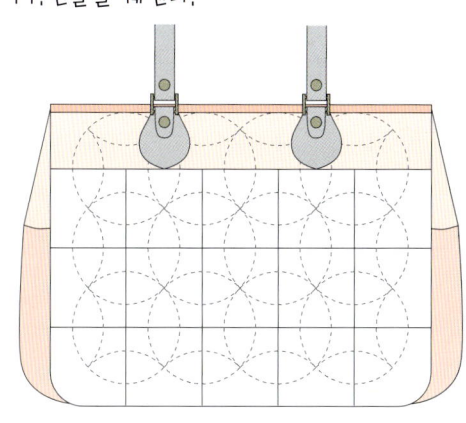

12.가방바닥을 만들어 넣으면 완성.

① 바닥싸개용(22x34cm :시접포함) 안감을 길게 반을
   접고 한쪽 옆과 아래에 1cm 선을 그린 후 꿰맨다.

1cm   바닥싸개용 안감의 안   11cm

34cm

② 겉으로 뒤집어 바닥용 프라스틱을 집어넣는다.입구부분은 시접을 안으로 집어넣은 후
   공그르기하여 마무리한 후 가방안에 넣는다. 군데군데 꿰매주어도 좋다.

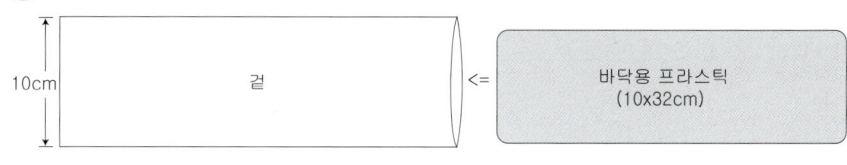

10cm   겉   <=   바닥용 프라스틱
                    (10x32cm)

모던 클래식

삼각과 사각의 기본패턴에
블랙과 그레이가 어우러져
모던하면서도 클래식컬한 분위기를 만듭니다.

팁으로 안내한 보타이 패턴을 이용하면
또 다른 멋진 가방이 탄생합니다.

이렇게 만들었어요~

♥ **필요한 재료**
마무지 1/4마··안감 32x75cm··조각천 10종··지퍼 30cm··퀼팅솜 접착 5온스··바닥용 프라스틱(28x8cm)
지퍼장식용 접착심 (짱짱함을 위한 것으로 천으로 대신해도 됨)··핸들(Hobby & Land 2072)

♥ **완성크기**
가로 30cm x 높이 17cm x 밑폭 10cm (핸들 길이 제외)　　　실물본 B면

1. 재단하기 (모두 안쪽 면에 그린다)

① **검정마무지**
밑바닥:30x15cm
윗부분 2장:30x3cm
옆면 2장:실물본 　　(시접0.7cm따로)
지퍼장식 4장:실물본
바인딩용 2장:3.5x32cm (시접포함)
　정바이어스가 가장 자연스러우나 푸서방향도 가능함. 식서방향은 사용금지

② **조각천**
실물본A,B,C 각 4장씩
실물본 D 2종 각2장씩 　(시접0.7cm따로)
실물본 E 총 16장

③ **안감**
본체안감:45x30cm (시접0.7cm따로)
프라스틱 바닥싸개용:30x18cm (시접포함)
옆면 2장:실물본 (시접 0.7cm따로) →창구멍위치를 표시한다.

④ **지퍼장식용 접착심 2장:실물본** (시접X)
　참고 : 접착심은 짱짱함을 주기 위해 사용하는 것으로
　　　접착심이 없을 때는 천을 한겹 더 사용하여도 됨

2.본체만들기

1 굵은선(완성선에서 완성선까지)으로 표시된 부분을 연결한 후 시접은 화살표시방향으로 넘겨 사각형 4조각을 연결한다.(바람개비 시접으로)
=> 2개씩 만든다.

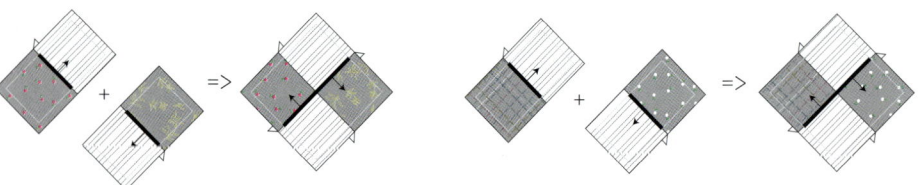

2 나머지도 그림처럼 굵은선(완성선에서 완성선까지) 표시부분을 연결한 후 시접은 화살표시방향으로 넘긴다=>2개 만든다.

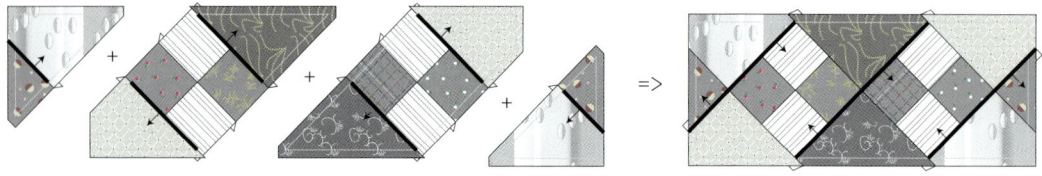

3 마무지를 끝에서 끝까지 연결한 후
시접은 마무지쪽으로 넘긴다음
다림질로 정리한다 => Top완성

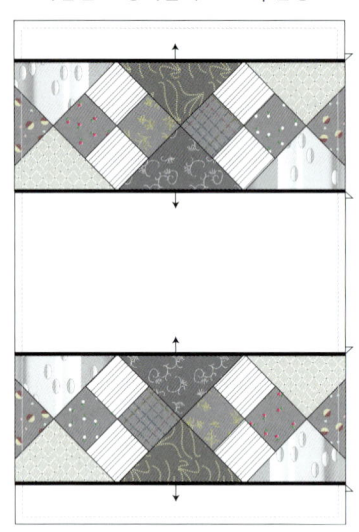

4 퀼팅솜의 접착면 위에 Top을 겉이 보이게 놓고
위,아래를 각각 천끝에서 0.3cm 띄워 시침한다.

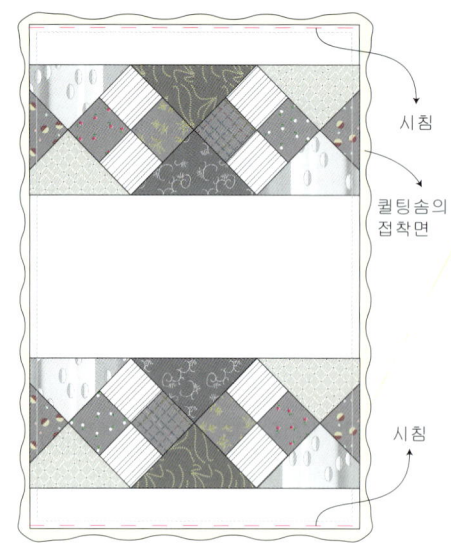

시침

퀼팅솜의
접착면

시침

5 위와 아래의 퀼팅솜만 천끝에 맞춰
정리한다.

6 그위에 안감을 안이 보이게 올려놓고
Top과 안감을 잘 맞추어 핀을 꽂은 후
양옆을 꿰맨다.

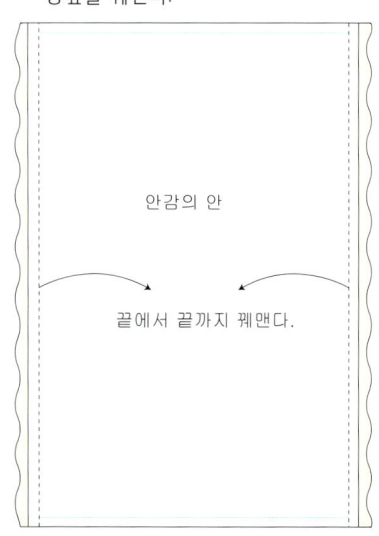

안감의 안

끝에서 끝까지 꿰맨다.

7 퀼팅솜이 보이도록 놓고 양옆 퀼팅솜을
꿰맨 곳 가까이 정리한다.

퀼팅솜

8 겉으로 뒤집어 모양을 다듬은 후
접착퀼팅솜이 천에 붙도록 다림질한다.

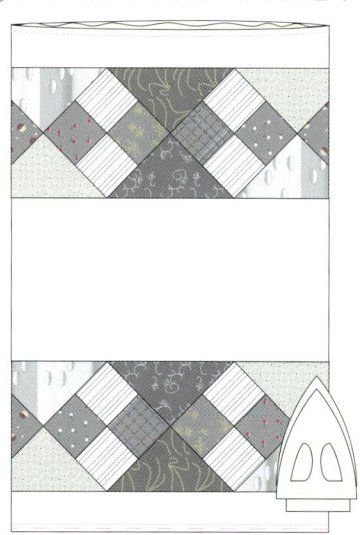

⑨ 그림처럼
퀼팅선을
그린다.

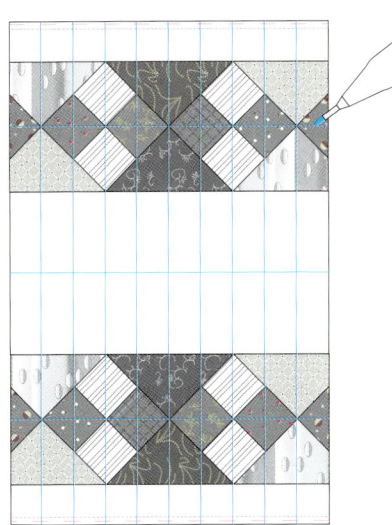

⑩ 시침한 후 그린선과
마무지 연결부분에서
조각천쪽으로
0.1cm띄워 퀼팅한다.

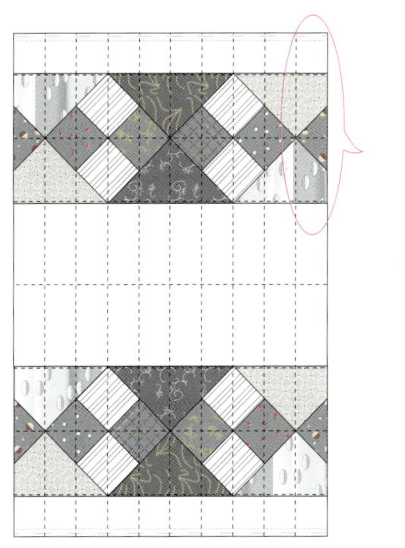

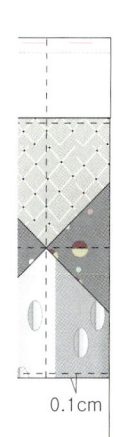

0.1cm

⑪ 위와 아래를 각각 바인딩(3.5x32cm:시접포함)처리한다=>본체완성

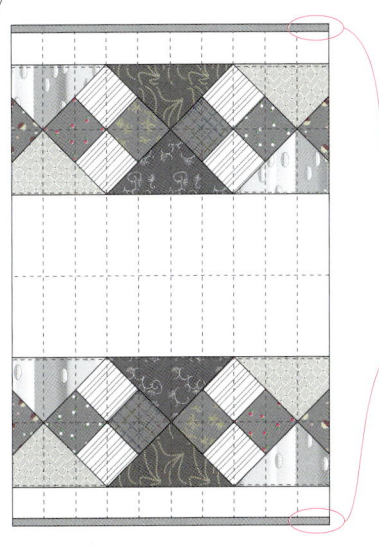

참고:
　　바인딩을 정바이어스방향으로 재단하는 것이 가장 자연스럽게 완성되지만
　　곡선을 포함하지 않는 곳을 바인딩할 경우에는 푸서방향을 사용해도 무방하다.
　　단 푸서방향을 사용할 경우에는 탱탱하게 핀을 꽂고 바느질해야 예쁘게 마무리된다.

양끝은 뒤로 1cm접고 바느질하여
끝이 깔끔할 수 있게 처리한다.

뒤집어 안감쪽에서 0.7cm 접어가며
공그르기한다.

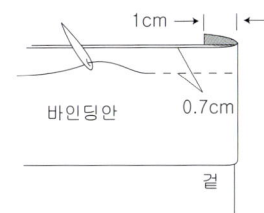

1cm

0.7cm

바인딩안

겉

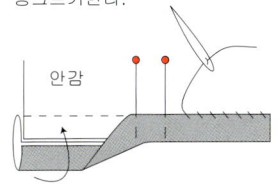

안감

3.옆면 만들기

① 퀼팅솜의 접착면위에
마무지의 겉면이
보이게 올려놓는다.

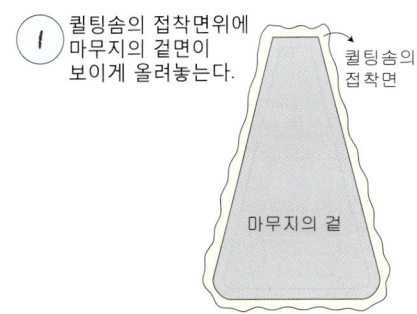

퀼팅솜의
접착면

마무지의 겉

② 그위에 안감의 안이
보이게 올려놓고
겉과 안감을 잘맞추어
핀을 꽂은 후
창구멍을 남기고 꿰맨다.

퀼팅솜의
접착면

겉면천

안감 안

③ 퀼팅솜면이
보이게 놓고
퀼팅솜을
꿰맨 곳 가까이
정리한다.

퀼팅솜면

④ 안감쪽이 보이게 놓고
그림처럼
위,아래 코너에
가윗집을 준다.

⑤ 겉으로 뒤집어
모양을 정리하고
창구멍을
공그르기한 후
접착솜이 천에
붙도록 다림질한다.

⑥ 중앙과 중앙에서
2.5cm 띄운선을
그려 퀼팅한다
=> 옆면완성

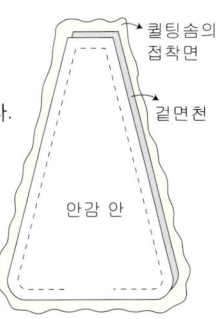

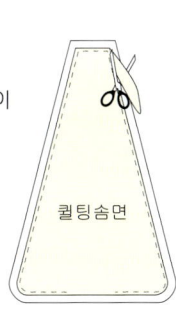

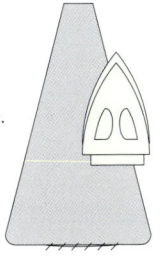

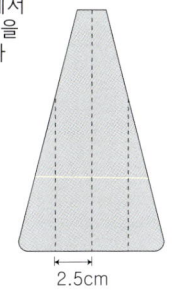

2.5cm

4. 프라스틱 바닥 싸개 만들기

① 바닥용 안감을 그림처럼 반을 접은후 한쪽 옆과 아래에 시접 1cm를 그린 후 꿰맨다.

② 겉으로 뒤집은 후 프라스틱 바닥(28x 8cm)을 집어넣는다. 입구부분은 시접을 안으로 집어넣은 후 공그르기하여 마무리한다=> 바닥완성

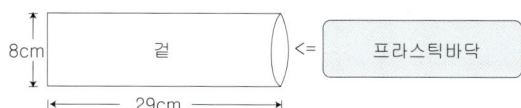

5. 지퍼장식 만들기

① 실물본대로 재단한 접착심을 시접을 두고 재단한 천 안쪽에 다림질하여 붙인다.

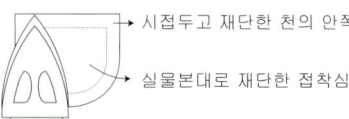

→ 시접두고 재단한 천의 안쪽
→ 실물본대로 재단한 접착심

② 뒷면(접착심 없는천)과 겉끼리 마주보게 포갠 후 창구멍을 남기고 접착심을 따라 꿰맨다.

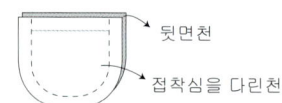

→ 뒷면천
→ 접착심을 다린천

③ 곡선부분에 가윗집을 준후 겉으로 뒤집는다. 창구멍의 시접을 안쪽으로 접어넣어 모양을 다듬는다.

2개 만든다

④ 지퍼 한쪽끝(맞물려 있는쪽)에 끼워서 공그르기로 꿰맨다. 벌어져 있는쪽은 지퍼를 달고 난 후 꿰매야 지퍼달기가 편하므로 나중에 꿰매도록 한다.

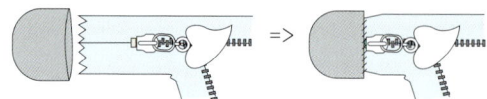

6. 바인딩 한곳의 안쪽에 지퍼를 꿰맨다.

① 지퍼를 열고 그림처럼 오른쪽 지퍼장식과 본체끝을 맞춰 핀을 꽂기 시작하여 나머지도 탱탱하게 핀을 꽂은 후 쇠부분 끝에서 0.7cm 아래를 반박음질로 꿰맨다. 지퍼아래는 들뜨지 않게 홈질로 정리한다.

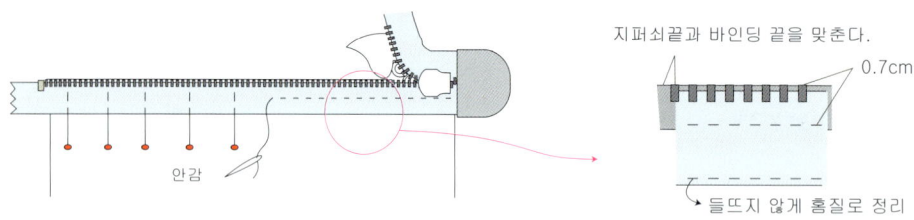

안감

지퍼쇠끝과 바인딩 끝을 맞춘다.
0.7cm
들뜨지 않게 홈질로 정리

② 반대쪽도 비슷한 방법으로 꿰맨다.
반대쪽은 이미 꿰맨쪽과 어긋나지 않도록 잘 맞춰 핀을 꽂는다.
지퍼와 나란히 핀을 꽂은 후 겉으로 뒤집어 지퍼를 닫아보아 잘 맞춰졌는지 꼭 확인한다.

7. 본체에 옆면을 공그르기로 꿰매고 프라스틱 바닥싸개를 바닥에 고정시킨다.

① 본체 밑중앙과 옆면 밑중앙을 겉끼리 마주보도록 핀을 꽂는다.

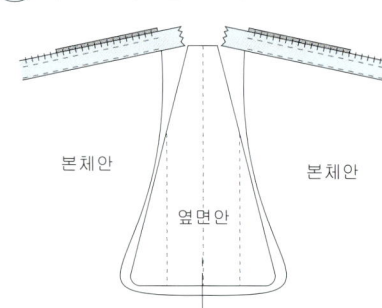

본체안   본체안
옆면안

② 나머지도 차례대로 맞춰 핀을 꽂는다.

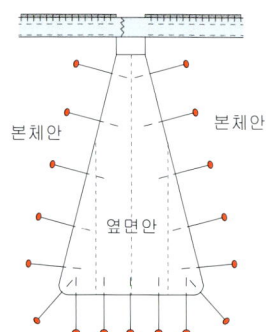

본체안   본체안
옆면안

③ 퀼팅실 2겹으로 본체의 겉과 옆면의 겉을 공그르기한다.

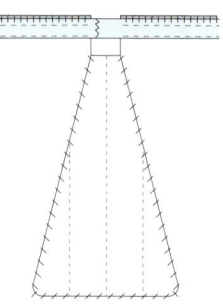

④ 반대편 옆면도 같은 방법으로 연결한다.

⑤ 만들어 놓은 프라스틱 바닥싸개를 밑면중앙에 놓고 군데군데 공그르기로 고정시킨다.

8.겉으로 뒤집은 후 나머지 한쪽끝에 지퍼장식을 공그르기한다.

1 지퍼를 닫고 벌어져있는
끝부분을 감침한다.

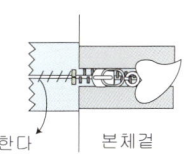

감침한다   본체겉

2 지퍼장식을 바인딩 끝 가까이
밀어넣어 공그르기한다.

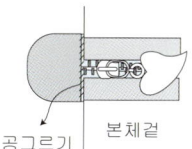

공그르기   본체겉

9.바인딩 끝에서 6cm내려온 곳에
핸들끝을 맞춰 퀼팅실 2겹으로 꿰맨다.

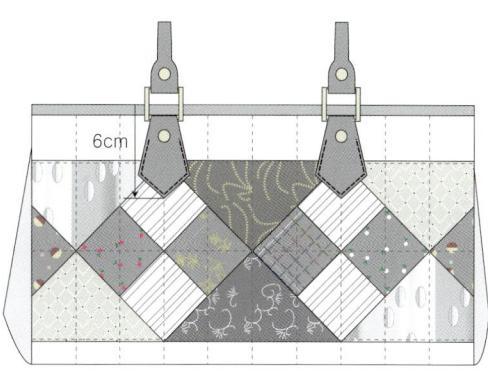

6cm

Tip 4-Patch 대신 보타이 패턴으로 응용하기
(보타이 연결하는 방법은 보타이 V백 참조)

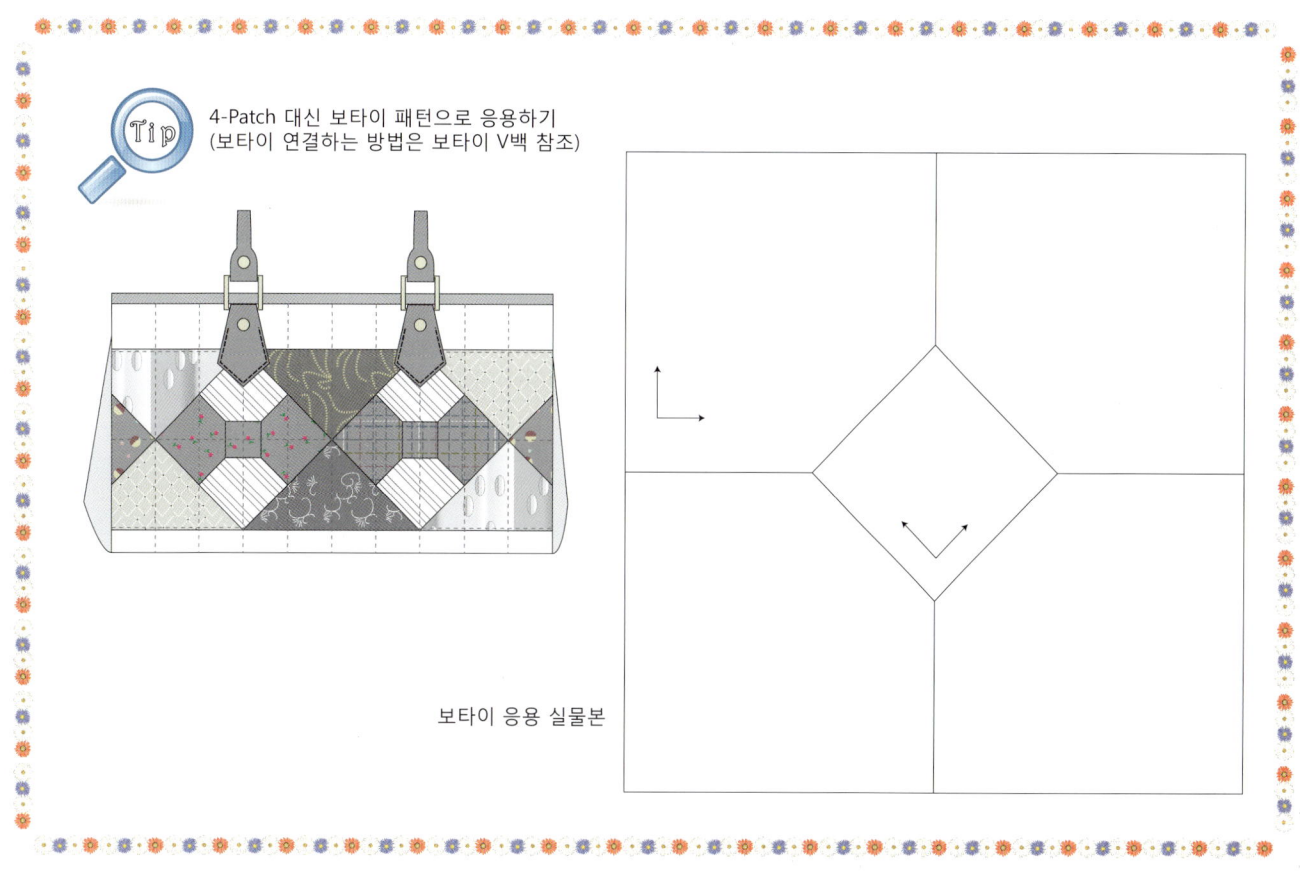

보타이 응용 실물본

보타이 V백

입구가 V자 형태라 붙여 본 이름 V백!
보타이 대신 다른 패턴으로 응용하거나
사각형의 크기를 줄여 스몰백을 만들어도 귀엽고
사각형의 크기를 키워 빅백을 만들어도 멋진 가방입니다.

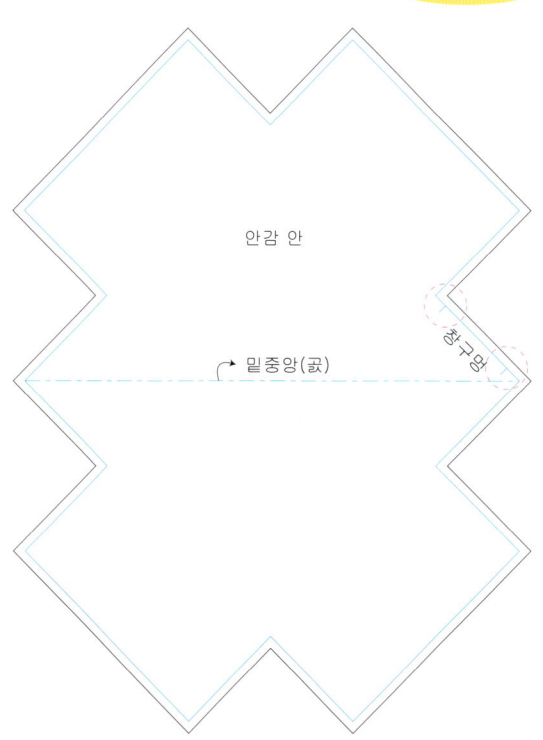

♥ 필요한 재료
조각천 8종‥안감 1/2마‥퀼팅솜 접착 5온스‥프라스틱바닥 27x13cm
핸들(Hobby & Land 1715)‥여밈(Hobby & Land 0217-L)

♥ 완성크기
가로 37cm x 높이 20 cm x 밑폭 14cm (끈 길이 제외)   실물본 B면

1, 재단하기 (모두 안쪽 면에 그린다)

① 조각천
실물본 A:총 11장 (시접 0.7cm따로)
밑바닥 : 3장
중간부분 : 4장
입구부분 2종 : 각 2장씩

실물본 B:총 24장 (시접 0.7cm따로)
보타이 3종 : 각 4장씩
보타이 배경 : 12장

실물본 C:총 6장 (시접 0.7cm따로)
보타이 3종 : 각 2장씩

② 안감
본체안감:1장 실물본 (시접 0.7cm따로)
곬(밑중앙)을 중심으로 대칭으로 그리고
창구멍위치를 표시한다.

바닥싸개용:1장 29x28cm (시접포함)

안감 안

창구멍

밑중앙(곬)

2.Top 연결하기

① 보타이를 완성에서
   완성까지만 꿰맨다.
   시접은 중심으로 모은다.

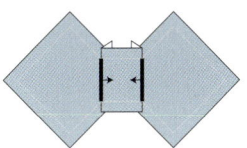

② 보타이 바탕을 시접분에서
   시접분까지 꿰맨다.
   시접은 보타이쪽으로 넘긴다.

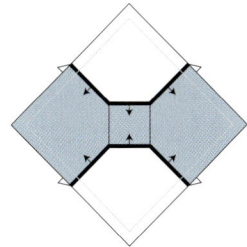

③ 옆그림처럼 사선방향으로 단을 만든다.
   완성에서 완성까지 꿰매고
   시접은 화살표 방향으로 넘긴다.

④ 완성에서 완성까지 꿰매 각 단을 연결한다.
   시접은 화살표 방향으로 넘겨
   각각 바람개비 시접으로 넘긴 후
   다림질로 정리해준다.
   => Top 완성

3.퀼팅솜 → Top → 안감 순으로 꿰매고 뒤집어 퀼팅하기

① 퀼팅솜의 접착면 위에 Top의 겉이 보이도록 얹고
그위에 안감을 포갠 후 창구멍을 남기고 꿰맨다.

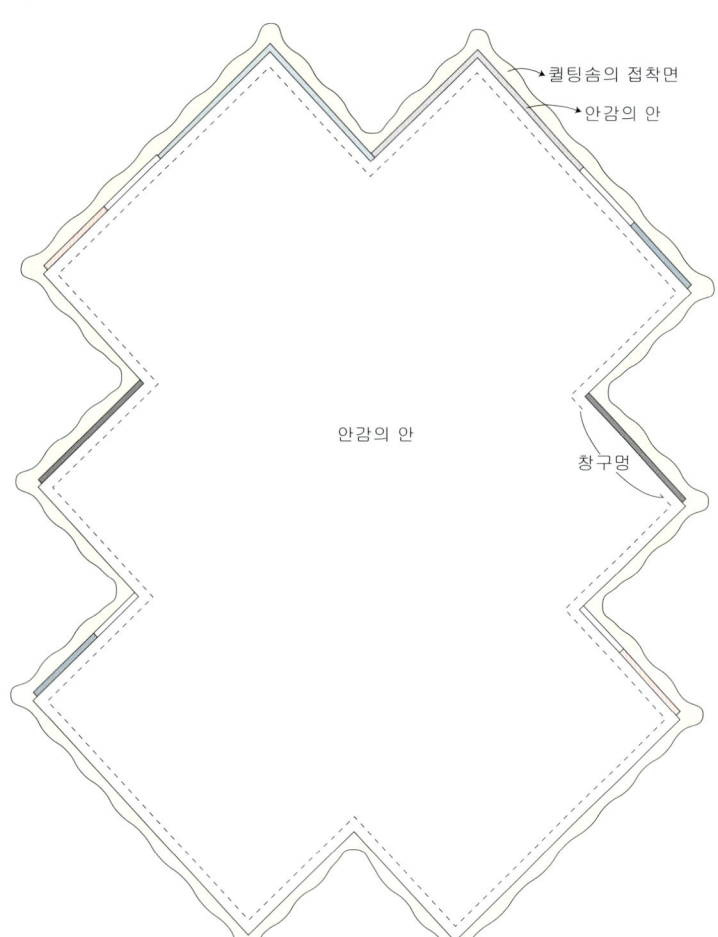

퀼팅솜의 접착면
안감의 안
안감의 안
창구멍

② 퀼팅솜이 보이도록 놓고 꿰맨 곳 가까이 퀼팅솜을 자른다.
창구멍 퀼팅솜은 완성선 가까이 자른다.

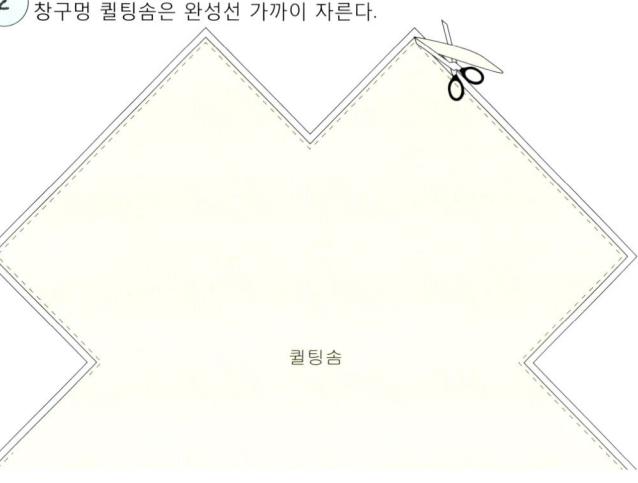

퀼팅솜

③ 안감이 보이도록 놓고 구석진 곳과 코너에 가윗집을 준다.

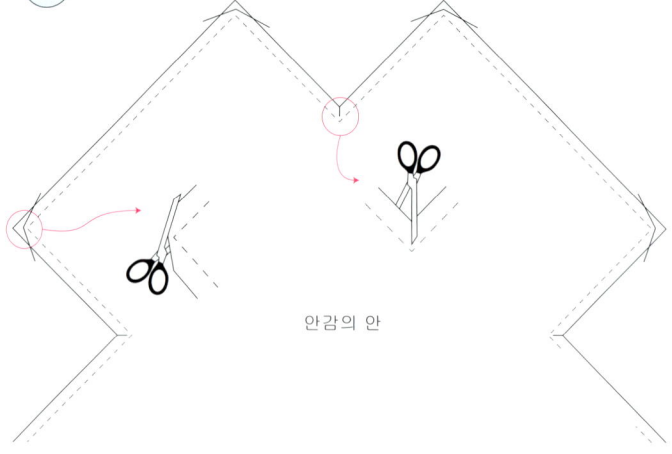

안감의 안

④ 겉으로 뒤집어 모양을 정리한 후 창구멍은 공그르기한다.
접착솜이 천에 붙도록 다림질한 후 큰사각형의 대각선을 그린다.

공그르기

⑤ 전체적으로 시침을 한 후 그려놓은 선과 조각 연결부분을 따라가며
아웃라인 퀼팅(시접이 넘어간 반대편에 1mm띄워가며 퀼팅)한다

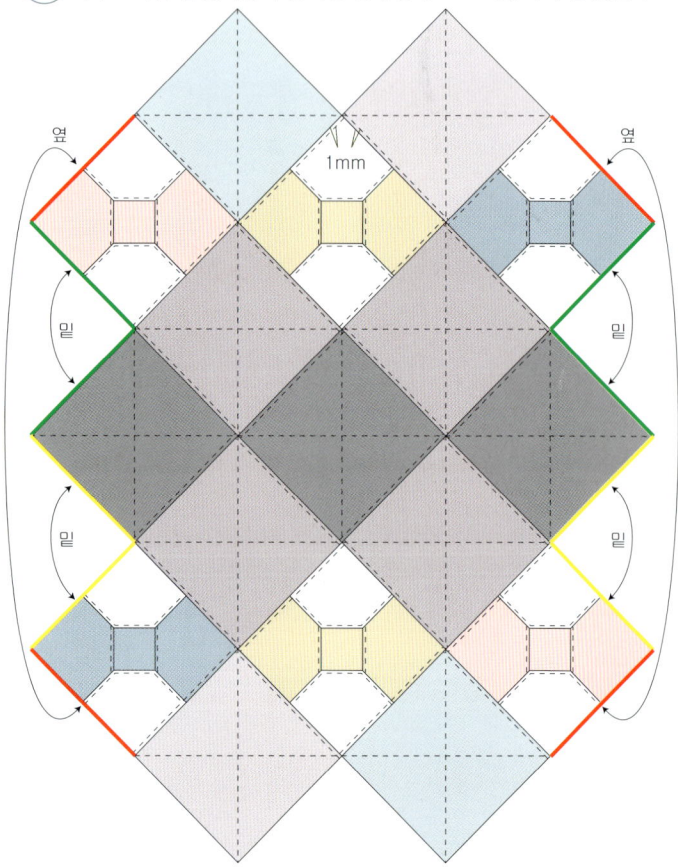

옆
1mm
옆
밑
밑
밑
밑

4,옆과 밑 연결하기

퀼팅실 2겹으로 겉과 겉면을 공그르기로 연결한다

① 겉끼리 마주보게 반을 접은 후 빨간색 부분을 공그르기한다.

② 노란선 부분끼리 맞추고 초록선 부분끼리 맞춰 공그르기한다 (사진참조)

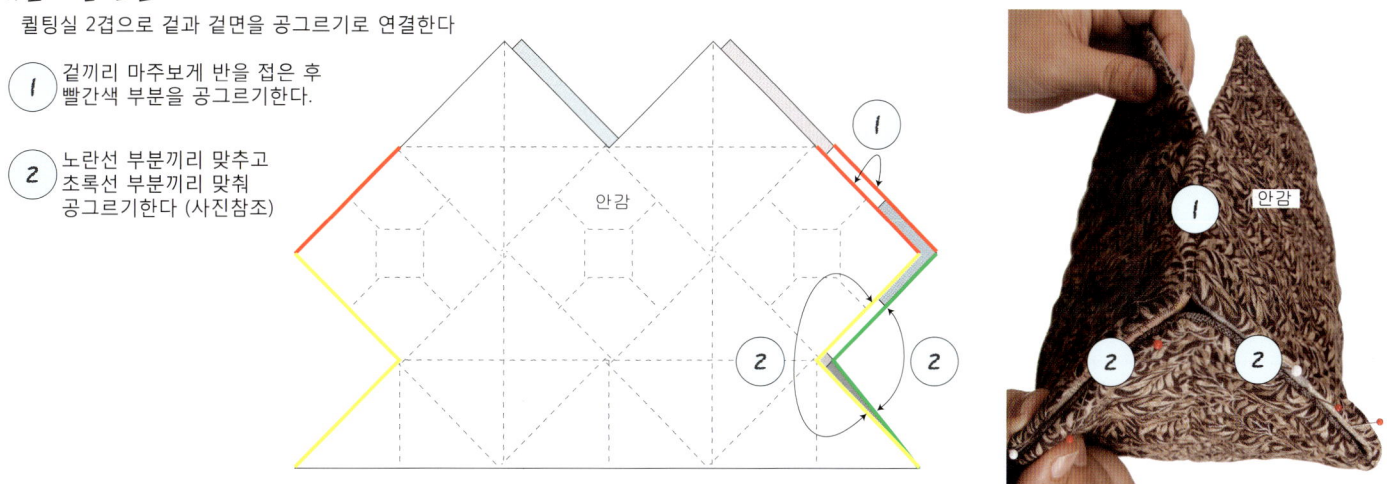

안감

안감

5,겉으로 뒤집어 핸들과 여밈장식을 퀼팅실 2겹으로 꿰맨다.(빨간색 표시부분)

앞면 꿰매는 위치

↑1.3cm   1.3cm↑

뒷면 꿰매는 위치

↑1.3cm   1.3cm↑
2cm

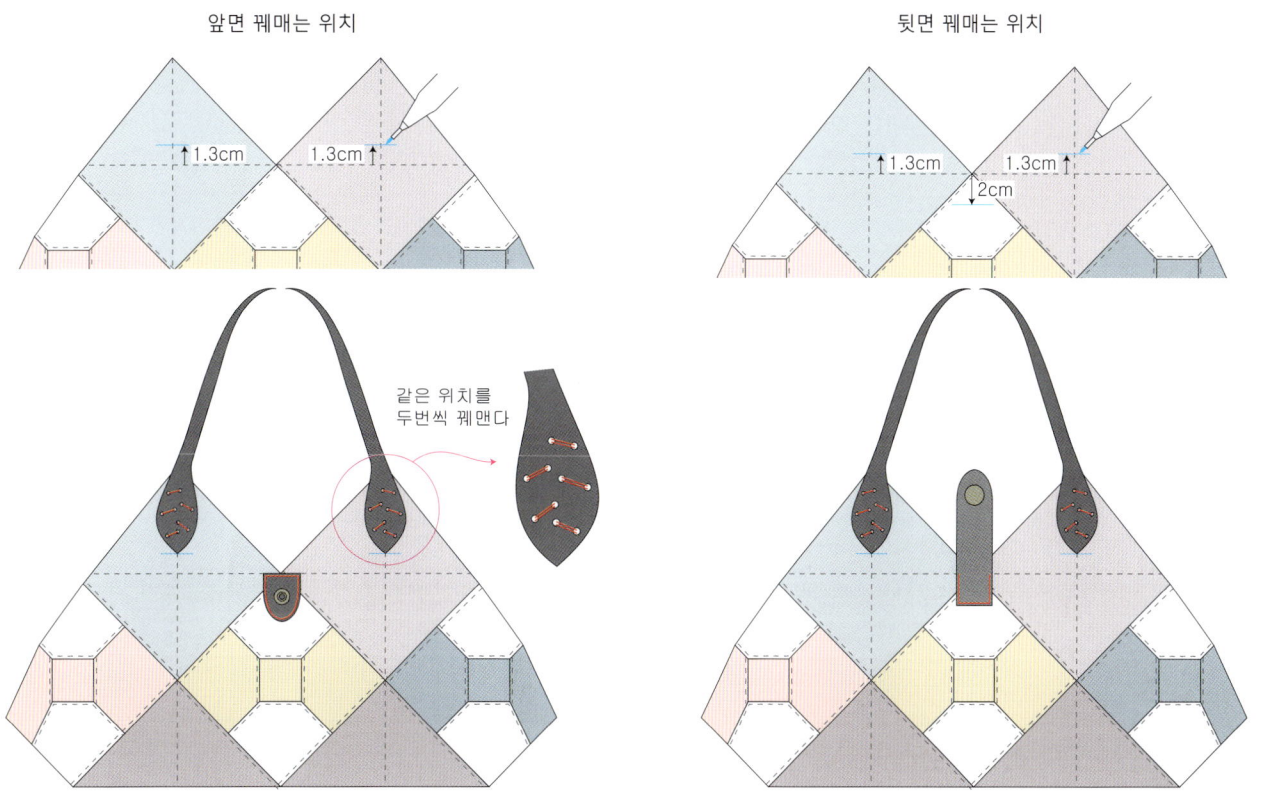

같은 위치를 두번씩 꿰맨다

6,바닥싸개 만들기

① 바닥싸개용(29x28cm:시접포함) 안감을 길게 반을 접고 한쪽옆과 아래에 1cm 선을 그린 후 꿰맨다.

② 겉으로 뒤집어 바닥용 프라스틱을 집어넣는다. 입구부분은 시접을 안으로 접어넣고 공그르기한다.

③ 완성된 바닥싸개를 가방 바닥에 깐다.

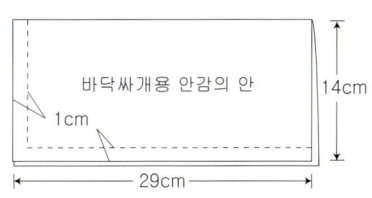

바닥싸개용 안감의 안
1cm
14cm
29cm

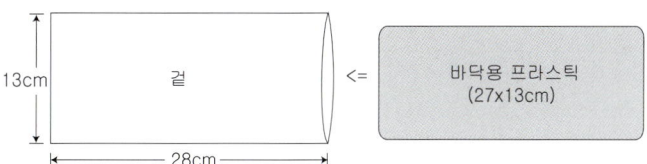

13cm
겉
28cm
<=
바닥용 프라스틱
(27x13cm)

13

로그캐빈 숄더백

하나씩 쌓아 나오는 로그캐빈기법으로
봄에 어울리는 화사한 핑크가방과
여름에 어울리는 시원한 블루가방을
만들어 봅니다.
가을 낙엽을 닮은 브라운톤으로
만들어도 멋지겠죠?

이렇게 만들었어요~

♥ **필요한 재료**
옆면용 체크 10.5x53cm ·· 정바이어스 3.5x49cm ·· 안감 1/4마 ·· 조각천 12종 ·· 지퍼 25cm ·· 퀼팅솜 5온스
핸들(Hobby & Land 2017)

♥ **완성크기**
가로 24cm x 높이 14.5cm x 밑폭 8cm (끈 길이 제외)　　실물본 B면

1. 재단하기

1 옆면용 체크(실물본으로 겉면에 그린다)
옆면:1장(시접 0.7cm따로)
굵(밑중앙)을 중심으로 대칭으로 그린다

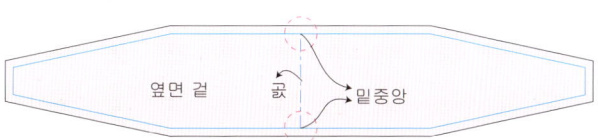

2 안감(실물본으로 안쪽 면에 그린다)
옆면:1장(시접 0.7cm따로)
굵(밑중앙)을 중심으로 대칭으로 그린다.
한쪽 중앙에 창구멍(약 7cm)을 표시한다.

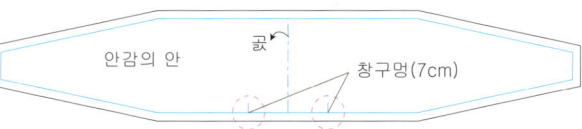

앞(뒷)면:2장(시접 0.7cm따로)
전체 실물본을 사용
윗중앙과 밑중앙을
각각 표시한다.

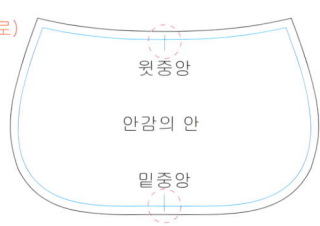

3 조각천(실물본으로 안쪽 면에 그린다)
중심: 2장(시접 0.7cm따로)
11종 : ?-1,?-2를 각 2장씩(시접 0.7cm따로)

재단 예 :

4 입구바인딩용 정바이어스
3.5x49cm(시접포함)

2.앞(뒷)면 만들기

완성된 Top의 겉면모습

완성된 Top의 안쪽모습

1 Top 연결방법을 참조하여 중심에서부터 번호순으로 꿰매나온다. 시접은 나중 번호 쪽으로 넘긴다. 완성된 Top은 다림질로 정리해준다.

Top 연결방법

a.중심과 1-1를
꿰매고 시접은
1-1쪽으로
넘긴다.

b.1-2를 꿰매고
시접은
1-2쪽으로
넘긴다.

c.2-1를 꿰매고
시접은
2-1쪽으로
넘긴다.

d.나머지도 같은 방법으로 꿰매나온다.
시접은 나중번호쪽으로 넘긴다.
=> Top완성

2 퀼팅솜위에 Top을 올려놓고 위끝에서 3mm 안쪽을 시침한 후 윗부분 퀼팅솜을 Top에 맞춰 정리한다.

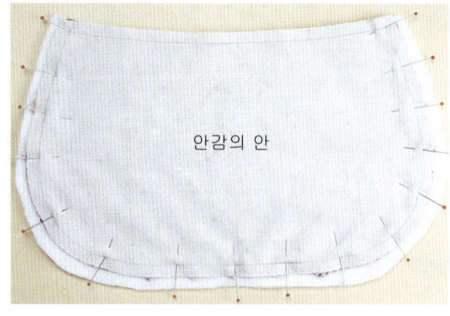

안감의 안

3 그위에 안감 안이 보이게 올려놓고 Top과 안감을 잘맞춰 핀을 꽂는다.

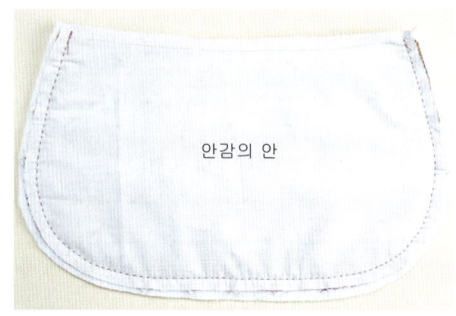

안감의 안

4 윗부분을 모두 창구멍으로 남기고 꿰맨다.

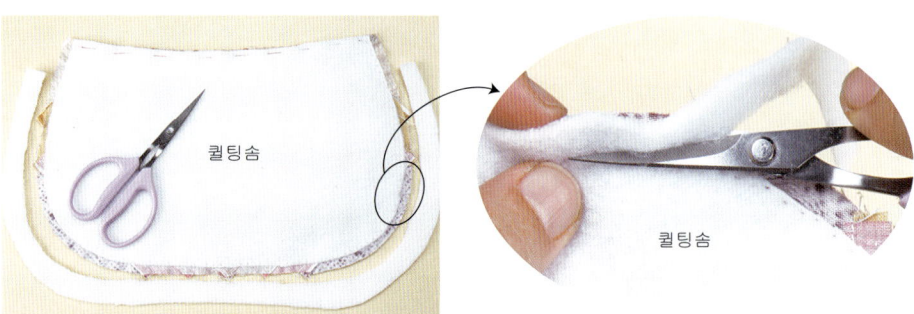

퀼팅솜

퀼팅솜

5 퀼팅솜이 보이도록 놓고 꿰맨곳의 퀼팅솜을 최대한 완성선 가까이 잘라낸다.

안감의 안

6 안감쪽이 보이도록 놓고 곡선부분에 가윗집을 준 후 겉으로 뒤집는다.

7 입구부분의 Top과 퀼팅솜,안감의 끝들을 잘맞춰 핀을 꽂은 후 끝에서 3mm 안쪽을 시침하여 고정시킨다.

8 시침실을 사용하여 전체적으로 시침한 후 퀼팅한다. 각 연결선에서 1mm가량 띄워가며 시접이 넘어간 반대편에 퀼팅한다 => 2장 만든다.

3. 옆면만들기

① 재단한 옆면 겉에 퀼팅선을 그린다.
   중앙과 중앙에서 각각 2cm 띄운 선을 그린다.

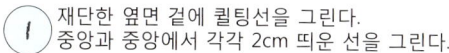
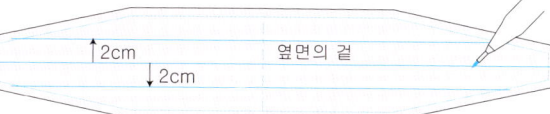

② 퀼팅솜 위에 겉감의 겉이 보이도록 놓고 그위에 안감의 안이
   보이게 포갠 후 창구멍과 양끝부분을 제외한 나머지를 꿰맨다.

③ 퀼팅솜이 보이게 돌려놓고 퀼팅솜을 정리한다. 꿰맨곳의 퀼팅솜은
   꿰맨선 가까이 정리하고 양끝 퀼팅솜은 천에 맞춰 자른다.

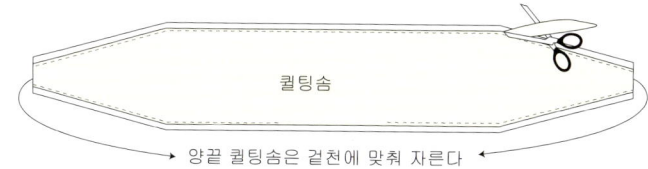

④ 창구멍으로 뒤집는다. 모양을 정리한 후 창구멍은 공그르기한다.

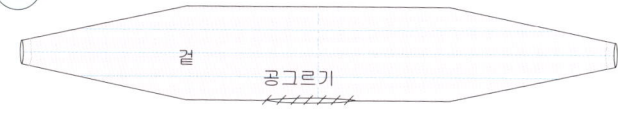

⑤ 시침한 후 퀼팅한다.

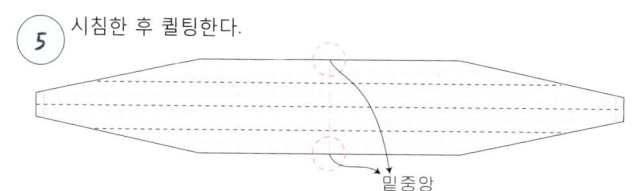

4. 앞(뒷)면에 옆면 연결하기

① 앞면의 겉과 옆면의
   겉이 마주보도록
   포개 밑중앙끼리
   맞춰 핀을 꽂는다.

② 양끝을 맞춰
   핀을 꽂은 후
   사이사이도
   맞춰 핀을
   꽂는다.

③ 퀼팅실 2겹으로
   앞면 겉과 옆면의
   겉을 공그르기하여
   연결한다.
   양끝부분은 두세 번
   꿰매 튼튼하게 한다.

④ 뒷면도
   마찬가지 방법으로
   핀을 꽂은 후
   공그르기하여
   연결한다.

⑤ 겉으로 뒤집는다.

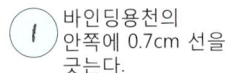

5. 입구를 정바이어스(3.5x49cm :시접포함)로 바인딩 처리한다.

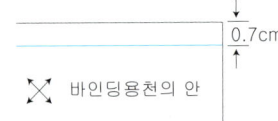

① 바인딩용천의 안쪽에 0.7cm 선을 긋는다.

0.7cm

⊠ 바인딩용천의 안

② 옆중앙에서부터 0.7cm가량접고 핀을 꽂는다.

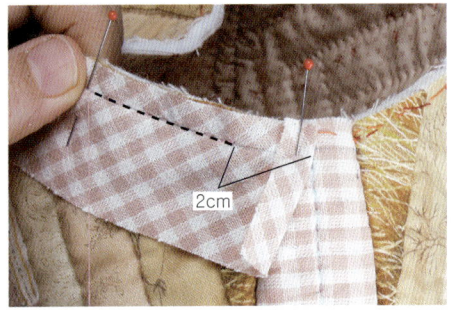

③ 2cm가량을 남기고 반박음질로 꿰맨다.

2cm

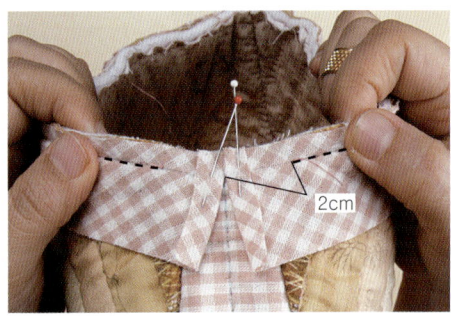

④ 끝부분에서도 2cm가량 남긴 곳까지만 꿰맨다. 시작부분처럼 0.7cm접고 여유분은 자른다.

2cm

⑤ 바인딩 양끝을 맞대어 핀을 꽂는다.

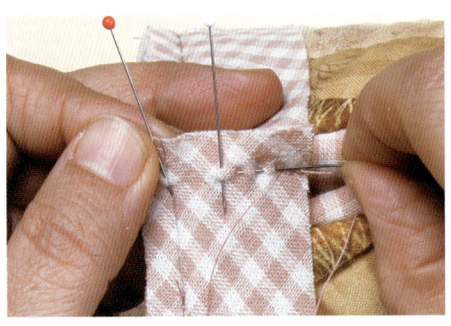

⑥ 0.7cm 위치를 꿰매 끝을 연결시킨다.

⑦ 꿰맨 시접은 가름솔한 후 꿰매지 않고 남겨두었던 부분(약 4cm)을 마저 꿰맨다.

⑧ 바인딩천의 겉이 보이도록 젖혀 손자국을 내가며 다듬는다.

⑨ 안쪽이 보이도록 뒤집어 놓고 바인딩천을 0.7cm가량 접어가며 손자국을 낸다.

⑩ 꿰맨 바느질선이 살짝 가려지도록 핀을 꽂은 후 공그르기하여 바인딩을 마무리한다.

6. 한쪽에 핸들 꿰매기

지퍼쇠가 맞물려 있는 곳은 지퍼를 꿰매기 전에 핸들을 달아줘야 편하다. 나머지 한쪽은 지퍼를 꿰매고 난 후 핸들을 단다.

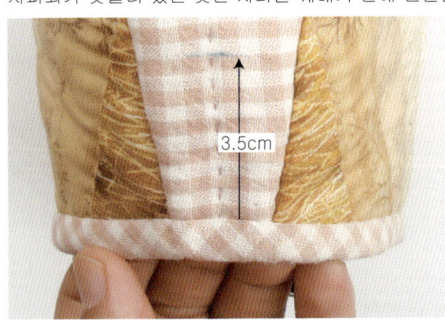

① 겉으로 뒤집은 후 바인딩에서 3.5cm되는 위치를 표시한다.

3.5cm

② 표시한 곳과 핸들의 끝을 맞춰 놓고 대충 시침해서 자리를 잡는다.

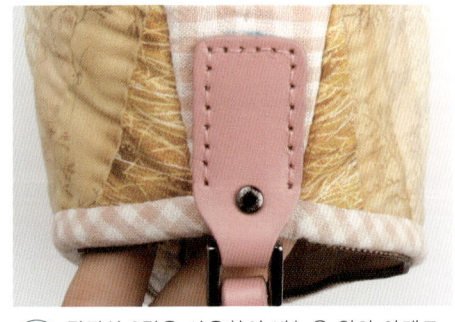

③ 퀼팅실 2겹을 사용하여 바늘을 위와 아래로 보내며 홈질처럼 진행한 후 다시 돌아오면서 박음질처럼 보이도록 꿰맨다.

7. 지퍼를 꿰맨다.

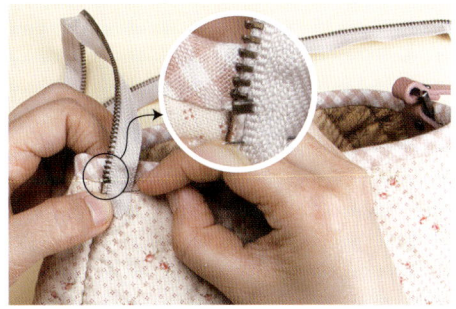

① 핸들을 꿰매지 않은 쪽에서부터 핀을 꽂는다.
지퍼쇠 끝을 옆선과 나란하게 맞춘다.
(참고:옆면이 따로 없는 가방의 경우에는
옆선에서 3mm정도 띄워야 한다)

지퍼 쇠끝부분과
바인딩끝을 맞춘다

② 사진처럼 꺾어 핀을 꽂는다. 지퍼 쇠 끝과
바인딩의 끝을 나란히 맞춰가며 탱탱하게
핀을 꽂아 나간다.

③ 옆면 연결선까지 핀을 탱탱하게 꽂는다.

6~7mm

④ 지퍼 쇠끝에서 6~7mm아래를 옆면 연결
부분부터 튼튼하게 여러번 되박음해 꿰맨다.
(참고:옆면이 따로 없는 가방의 경우에는
옆선에서 0.7cm정도 띄우고 꿰매야 한다)

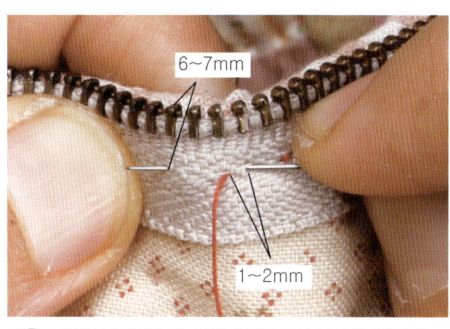

6~7mm

1~2mm

⑤ 홈질로 꿰매도 되나 땀이 너무 크게 떠지면
반박음질로 꿰맨다. 반박음질할 경우 뒤로
가는 땀은 2mm를 넘지않게 뜨도록 한다.

⑥ 끝부분에서도 튼튼하게 여러번 꿰맨다.

⑦ 지퍼 아래는 들뜨지 않도록 홈질로
정리한다.

⑧ 반대쪽 지퍼는 양끝을 각각 꿰매진 쪽과
같도록 맞춰 핀을 꽂는다.

⑨ 지퍼를 꿰매기전에 앞뒤가 잘 맞춰졌는지
확인하기 위해 핀은 지퍼와 나란히 꽂는다.

⑩ 겉으로 뒤집어 지퍼를 닫아본다. 앞뒤가 잘
맞는지 확인 후 잘 맞지 않았으면 핀을 다시
꽂고 또 확인해보아 앞뒤를 꼭 맞춘다.

⑪ 같은 방법으로 지퍼를 꿰맨다.
지퍼가 맞물려 있는 쪽의 꿰맨모습

⑫ 겉으로 뒤집어 지퍼를 닫은모습

8. 나머지 한쪽에 핸들을 꿰매면 완성

크레이지 로즈 미니백

크레이지 기법으로 장미를 표현한 장지갑 겸용 미니백으로
클러치백으로 사용하여도 멋진 패션 아이템 !!
카드와 지폐는 물론 동전과 핸드폰 등 작은 소품을 넣을 수 있습니다.

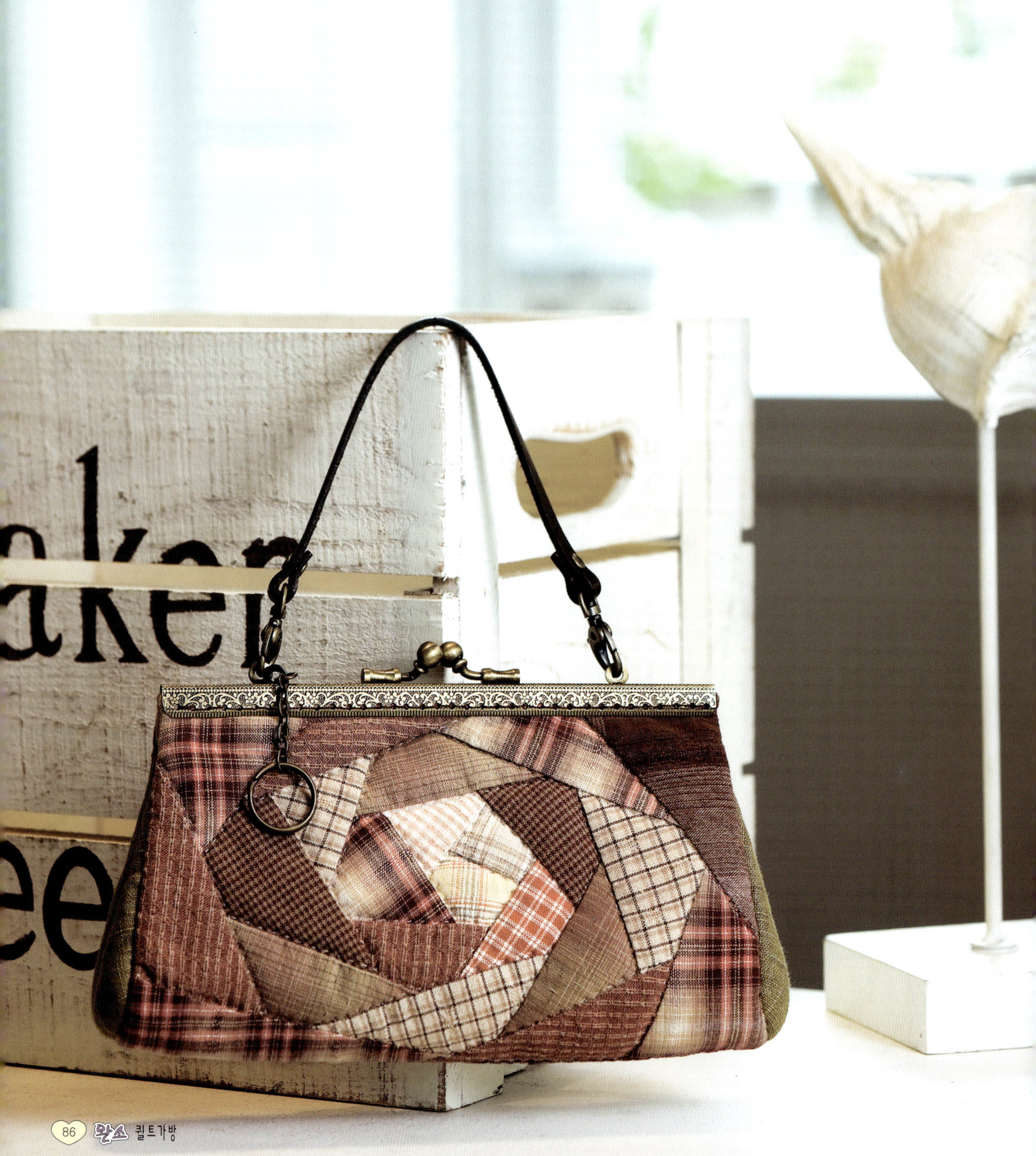

쓰임새 만점의 내부포켓들~
동전포켓, 지폐포켓 2곳, 카드포켓 6곳

잎사귀를 연상케하는
올리브색 옆면

이렇게 만들었어요~

♥ 필요한 재료
조각용 9종‥옆면(올리브색) 11.5x24cm‥안감 1/8마‥ 내부포켓용 1/4마‥양면 접착sheet
프라스틱지퍼 17cm‥퀼팅솜 4온스‥19cm Frame(Hobby & Land #723)‥핸들(Hobby & Land 1131)

♥ 완성크기
가로 23cm x 높이 13cm x 밑폭 4.5cm (핸들 길이 제외) **실물본 B면**

1, 재단하기 (모두 천의 안쪽 면에 그린다)

① 안감 (시접0.7cm따로)

본체용 안감 1장:전체 실물본의 아래를 꼲선처리
옆면 안감 2장:실물본(창구멍 위치를 표시)

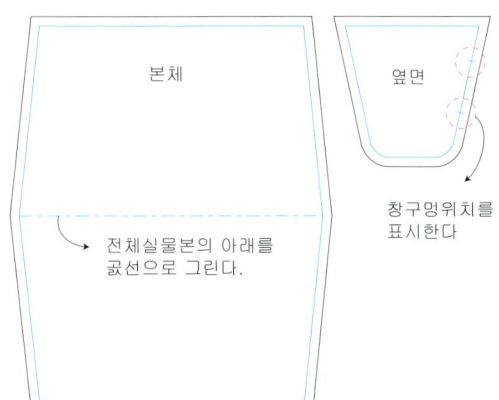

→ 전체실물본의 아래를
꼲선으로 그린다.

창구멍위치를
표시한다

② 조각용 (시접0.7cm따로)

각 실물본을 뒤집어서 2장씩

베이지바탕 체크무늬천 재단 예:

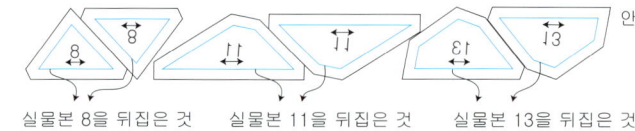

실물본 8을 뒤집은 것   실물본 11을 뒤집은 것   실물본 13을 뒤집은 것

③ 올리브색

옆면 2장:실물본
(시접0.7cm따로)

④ 내부포켓용 (시접포함)

카드포켓:20x37cm
카드포켓 뒷면:20x10cm
동전포켓 속:20x10cm
동전포켓 뒷면:20x10cm
동전포켓 위:20x4.5cm
동전포켓 아래:20x15cm

⑤ 양면 접착sheet(시접포함)

카드포켓용:20x10cm
동전포켓용:20x10cm
동전포켓 아래용:19x7cm

2, 카드포켓 만들기

① 카드포켓용(20x37cm:시접포함)의
겉면에 번호 순서대로 선을 표시한다.

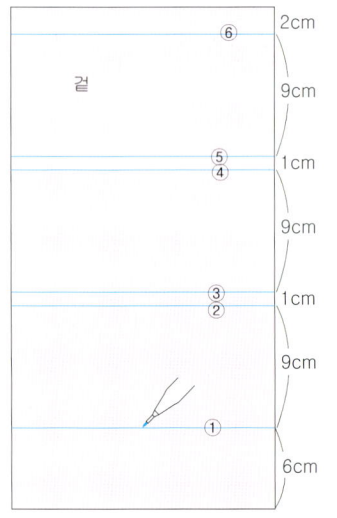

겉

2cm
9cm
1cm
9cm
1cm
9cm
6cm

② 다음 순서대로 접어가며 다림질하여 포켓을 접는다.(빨간색 선은 접혀 있는 것을 나타냄)

a.⑤선을 접어 손자국을 낸 후 ⑥선위에 포개어 다림질한다.

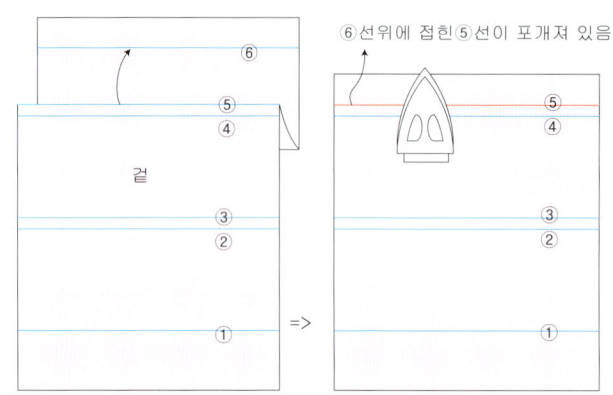

겉

⑥선위에 접힌⑤선이 포개져 있음

=>

b.비슷한 방법으로 ③선을 접어
④선위에 포개어 다림질하고
다시 ①선을 접어 ②선위에
포개어 다린다.

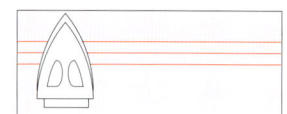

=> 카드 포켓의 겉 완성

③ 카드포켓 뒷면용(20x10cm:시접포함)의
안쪽 면에는 0.7cm 시접선을 그린다.

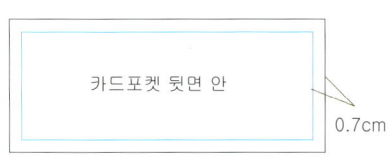

카드포켓 뒷면 안

0.7cm

④ 아래 그림처럼 세장을
포갠 후 창구멍으로
아래에 7cm정도 남기고
튼튼하게 반박음질한다

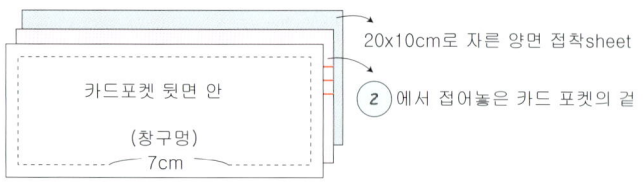

카드포켓 뒷면 안

(창구멍)
7cm

20x10cm로 자른 양면 접착sheet

② 에서 접어놓은 카드 포켓의 겉

⑤ 코너에 가윗집을 준다.

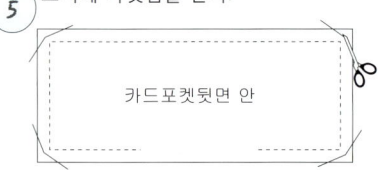

카드포켓뒷면 안

⑥ 뒤집어 창구멍은 공그르기한 후
양면 접착sheet가 붙도록 다림질한다.

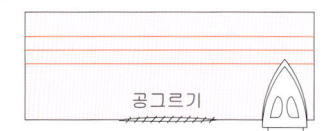

공그르기

⑦ 중앙선을 그린 후 반박음질로
칸을 나눈다 => 카드포켓 완성

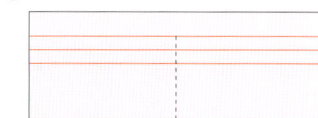

88 퀼트가방

3. 동전포켓 만들기

① 동전포켓 위 준비하기

a. 천의 겉에 1.5cm선을 그린다.

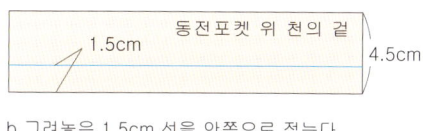

1.5cm
동전포켓 위 천의 겉
4.5cm

b. 그려놓은 1.5cm 선을 안쪽으로 접는다.

3cm
겉

c. 아래 그림처럼 선을 그린다.

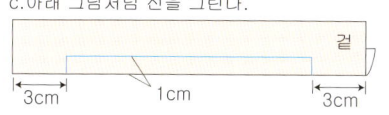

겉
3cm 1cm 3cm

② 동전포켓 아래 준비하기

a. 동전포켓 아래용 천의 중앙을 표시한 후 19x7cm로 자른 양면 접착sheet를 중앙 바로 아래에 놓는다.

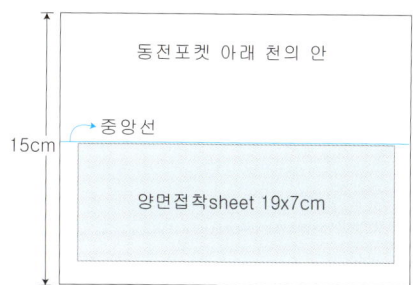

동전포켓 아래 천의 안
중앙선
15cm
양면접착sheet 19x7cm

b. 겉면이 보이도록(양면 접착sheet가 천 사이에 있도록) 반을 접고 다림질해서 천이 붙도록 한다.

겉

③ 프라스틱 지퍼를 17cm로 자른 후 양끝에서 0.5cm를 각각 감침질한다

17cm

④ 지퍼 위에 준비해 둔 동전포켓 아래를 얹고 중앙에서 양쪽으로 핀을 꽂은 후 지퍼가 물리지 않을 정도로 바짝 반박음질한다.

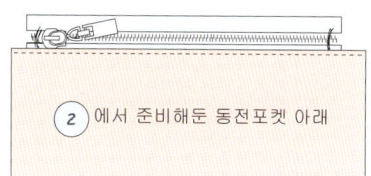

②에서 준비해둔 동전포켓 아래

⑤ 이 위에 준비해 둔 동전포켓 위를 그림처럼 0.2cm가량 겹치도록 포갠 후 반박음질로 꿰맨다 => 동전포켓 겉 완성

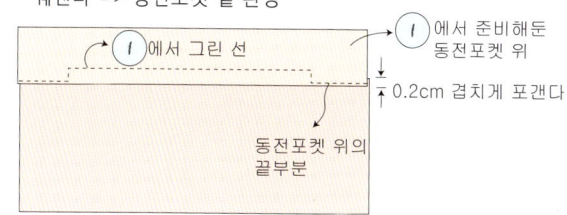

①에서 그린 선
①에서 준비해둔 동전포켓 위
0.2cm 겹치게 포갠다
동전포켓 위의 끝부분

⑥ 동전포켓 뒷면용(20x10cm:시접포함) 천의 안쪽에 0.7cm 시접선을 그린다.

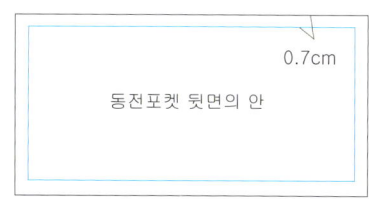

0.7cm
동전포켓 뒷면의 안

⑦ 아래 그림처럼 네 장을 포갠 후 창구멍으로 아래에 7cm정도 남기고 튼튼하게 반박음질한다.

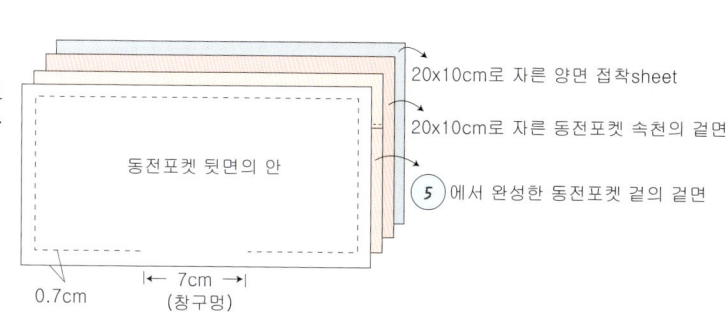

20x10cm로 자른 양면 접착sheet
20x10cm로 자른 동전포켓 속천의 겉면
⑤에서 완성한 동전포켓 겉의 겉면
동전포켓 뒷면의 안
0.7cm
7cm
(창구멍)

⑧ 코너에 가윗집을 준다.

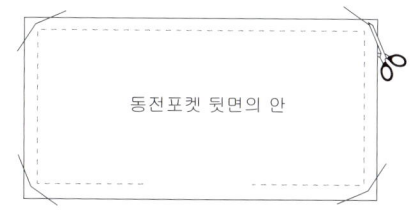

동전포켓 뒷면의 안

⑨ 겉으로 뒤집어 창구멍은 공그르기한다. 양면 접착sheet가 천에 붙도록 다림질한다.
=> 동전포켓 완성

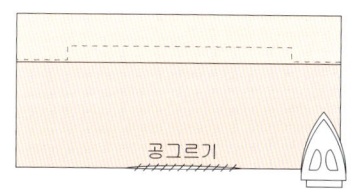

공그르기

4. 옆면 만들기

① 퀼팅 솜위에 겉감의 겉이 보이게 얹고 그위에 안감을 안이 보이게 포갠 후 창구멍을 남기고 꿰맨다.

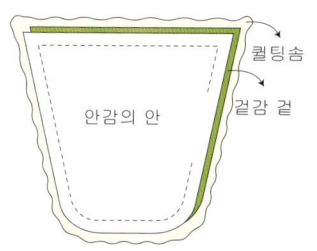

퀼팅솜
겉감 겉
안감의 안

② 퀼팅솜이 보이도록 놓고 꿰맨 곳 가까이 퀼팅솜을 정리한다. 창구멍 퀼팅솜은 완성선에 맞춰 정리한다.

퀼팅솜

③ 안감이 보이도록 놓고 코너와 곡선부분에 가윗집을 준 후 겉으로 뒤집는다.

안감의 안

④ 창구멍은 공그르기하고 그림처럼 퀼팅선을 그린다.

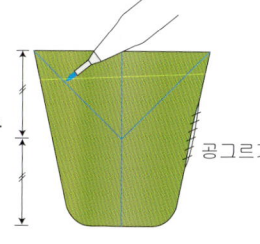

공그르기

⑤ 시침한 후 퀼팅한다
=>2개 만든다

5.본체 만들기

① 중심에서부터 번호순으로 꿰매 나온다.시접은 나중번호쪽으로 넘긴다

a.중심과 1번천을 꿰매고
시접은 1번천쪽으로 넘긴다.

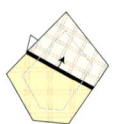

b.2번천을 연결한 후
시접은 2번천쪽으로 넘긴다.

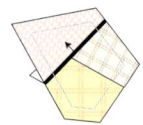

c.3번천을 연결한 후
시접은 3번천쪽으로 넘긴다.

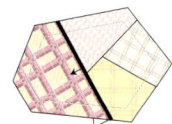

d.나머지도 순서대로 연결해 나온다.
시접은 나중번호쪽으로 넘긴다 => 2장 만든다.

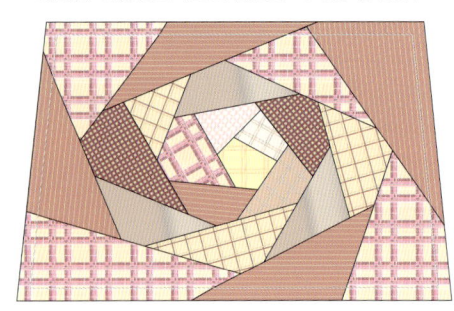

② 위에서 만든 것 두장의 밑을 연결한다.
시접은 중간부분에 사선으로 가윗집을
준 후 각각 화살표 방향으로 넘긴다.
다림질로 정리해준다=> Top완성

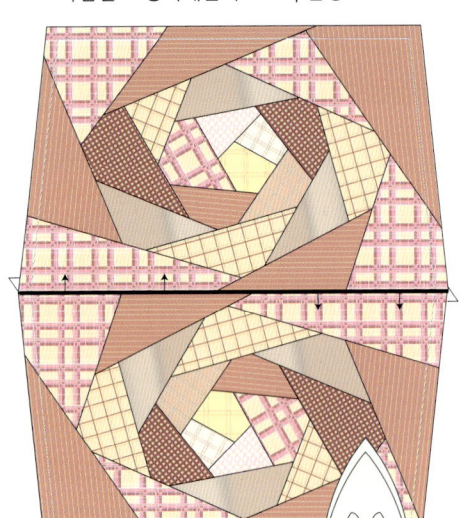

③ 퀼팅솜 위에 Top의 겉면이 보이게 얹고
그위에 안감의 안이 보이게 올린 후 윗부분
중앙에 창구멍(7cm정도)을 남기고 꿰맨다.

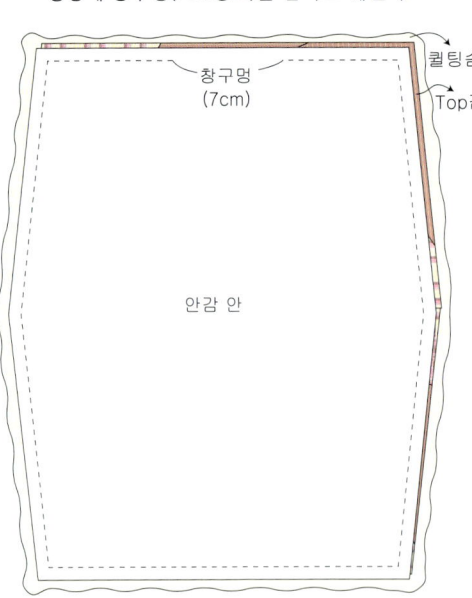

창구멍
(7cm)

퀼팅솜

Top겉

안감 안

④ 퀼팅솜이 보이도록 놓고 꿰맨곳 가까이
퀼팅솜을 정리한다. 창구멍 부분의
퀼팅솜은 완성선에 맞춰 정리한다.

퀼팅솜

⑤ 안감이 보이도록 놓고 코너에 가윗집을
준 다음, 겉으로 뒤집는다.

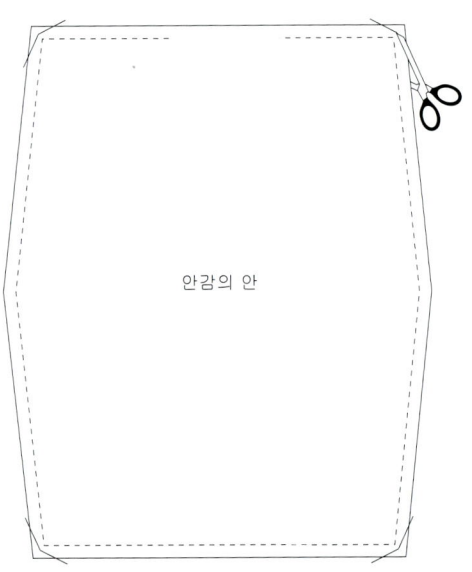

안감의 안

⑥ 창구멍은 공그르기한 다음 시침실로 충분히 시침한다.
조각 연결선에서 1mm 가량 띄워가며 시접이 넘어간 반대편에 퀼팅한다.

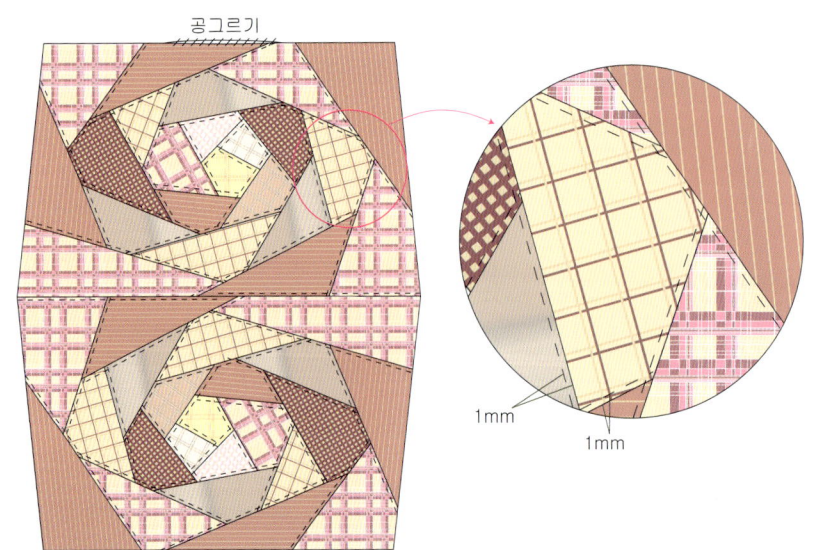

공그르기

1mm

1mm

7 퀼팅이 끝난 후 안감쪽에 끝에서 2cm 띄운
위치(포켓 위치)를 각각 표시한다.

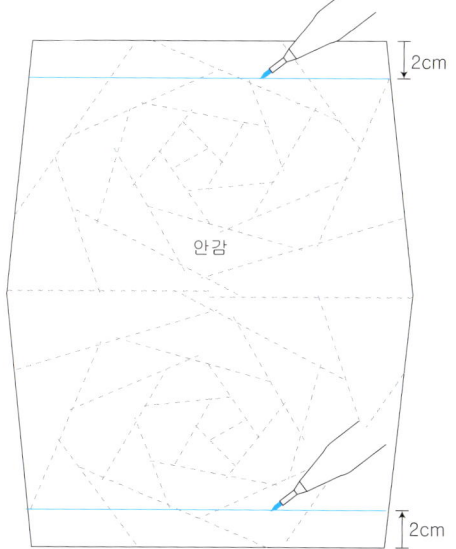

2cm

안감

2cm

8 카드포켓과 동전포켓을 각각의 위치에 맞춰
굵은 선으로 표시된 부분을 공그르기한다.
끝부분은 튼튼하게 두세 번 꿰맨다 => 본체완성

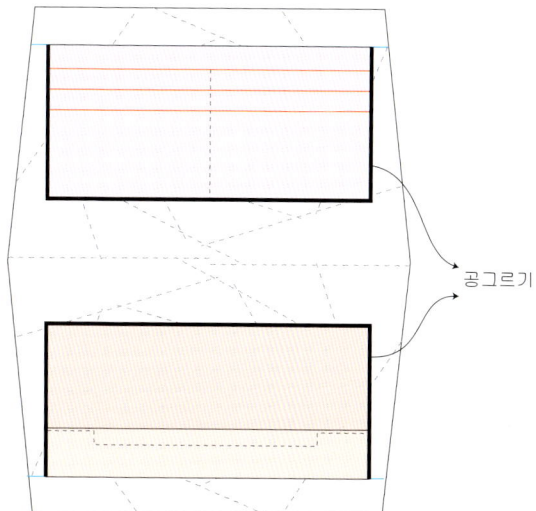

공그르기

6.본체에 옆면 연결하기

본체와 옆면의 밑중심을 맞춰
겉끼리 마주보게 핀을 꽂는다.
양쪽으로 차례대로 핀을 꽂아
본체의 겉과 옆면의 겉을
공그르기로 연결한다.

옆면을 연결한 후 겉이 보이게 뒤집은 모습

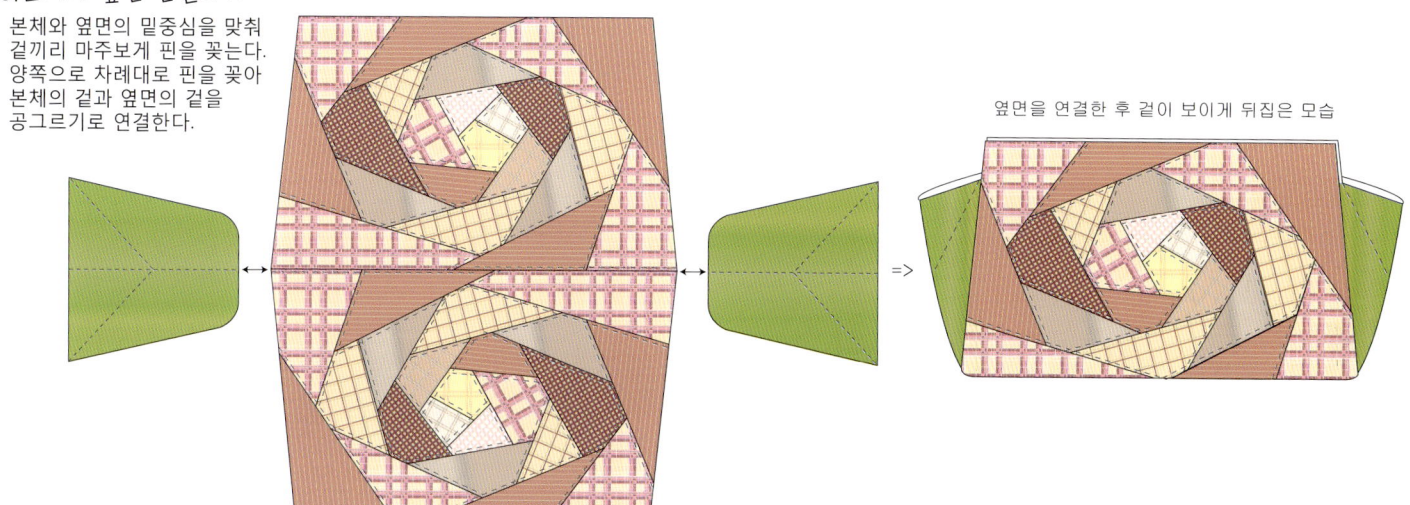

=>

7.Frame 달기

납작한 핀셋등을 이용해 frame에 본체를 밀어넣고
양끝은 1mm 가량 frame 밖으로 나오게한다.
퀼팅실 2겹으로 홈질처럼 들어갔다 나왔다하여
끝까지 꿰맨 후 되돌아 올 때는 반대로
들어갔다 나왔다하여 박음질처럼 보이게 꿰맨다.

1mm

옆모습

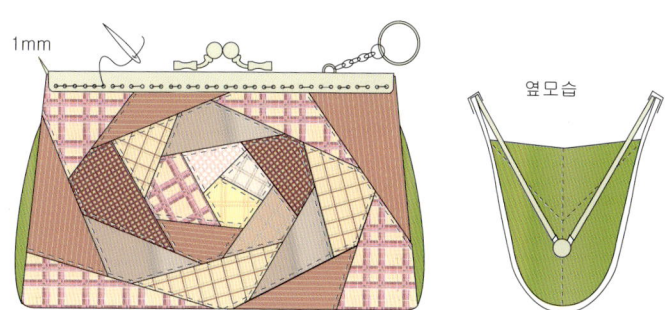

Tip 프레임을 비즈와 함께 꿰매면
또 다른 멋이 느껴집니다.

꿰매는 방법 : frame구멍으로 나온 후 비즈를 끼우고 나온 구멍으로 다시 들어간다.

frame

:측면모습

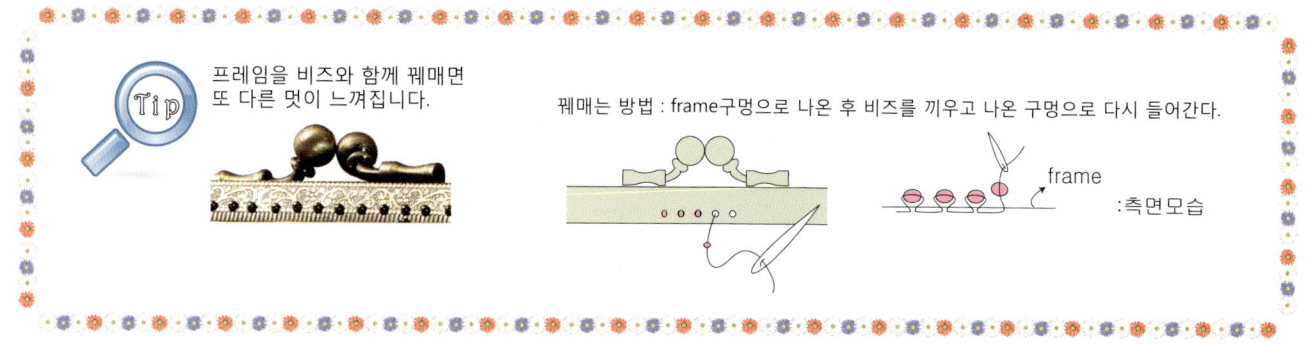

15

선버스트 크로스백

구름 사이로 비치는 강렬한 햇빛을 형상화한 패턴이
빨강과 만나 더욱 화려하게 빛이 납니다.

꿰매는 방식의 크로스핸들과 가죽여밈 장식은
한층 고급스러운 느낌이 들게 합니다.

이렇게 만들었어요~

♥ **필요한 재료**
빨강아즈미노 1/4마··조각천 10종··안감 1/4마··바인딩및 파이핑 1/4마··파이핑코드 50cm··퀼팅솜 접착 5온스
여밈장식(Hobby & Land 02199-S)··크로스핸들(Hobby & Land 20788)

♥ **완선크기**
가로 21cm x 높이 18cm x 밑폭 6cm (끈 길이 제외)   실물본 C면

1. 재단하기

① 빨강 아즈미노(겉면에 그린다)
　옆면, 앞면, 실물본 F : 각 1장씩 (모두 시접 0.7cm따로)
　밑중앙위치와 맞춤위치를 각각 표시한다.

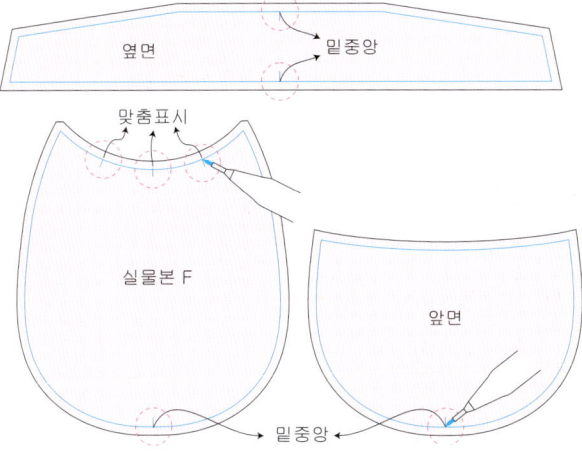

옆면　　　밑중앙

맞춤표시

실물본 F　　　앞면

밑중앙

② 안감(안쪽에 그린다)
　실물본 옆면, 앞면 각1장씩 (시접 0.7cm따로)
　뒷면+뚜껑 : Top보다 여유있게 사용

③ 조각천 (모두 시접 0.7cm따로)
　실물본 A:1장 천 겉면에 그린다
　실물본 B,E:각 1장씩
　실물본 C:4종 각 1장씩 ｝천 안쪽에 그린다
　실물본 D:3종 각 1장씩

　실물본 A 재단예:
　천 겉면에 사선방향으로
　그린다. 맞춤선도 표시한다

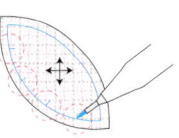

④ 검정줄무늬(정바이어스 방향으로 재단한다)
　파이핑용: 2.5x46cm
　입구 바인딩용:3.5x29cm ｝(시접포함)
　뒷면+뚜껑바인딩용:3.5x85cm

2, 옆면만들기

1 퀼팅솜의 접착면 위에 겉감의 겉이 보이게 올려놓고 양끝을 시침한 후 양끝 퀼팅솜을 겉천에 맞춰 자른다.

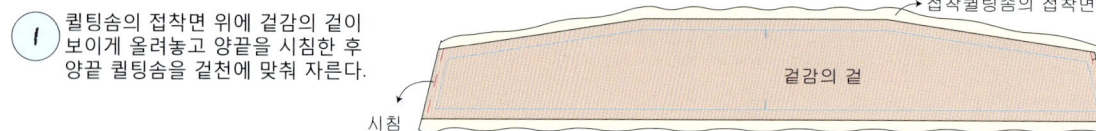

접착퀼팅솜의 접착면
시침
겉감의 겉
시침

2 그위에 안감의 안이 보이게 올려놓고 양끝을 창구멍으로 남기고 꿰맨다.

안감의 안

3 퀼팅솜이 보이게 놓고 꿰맨 곳 가까이 퀼팅솜을 정리한다.

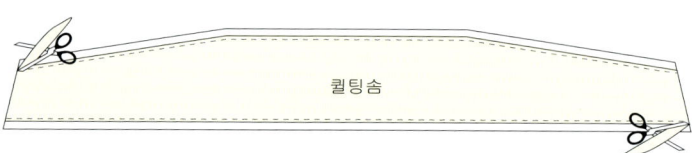

퀼팅솜

4 겉으로 뒤집어 모양을 다듬는다. 접착솜이 천에 붙도록 다림질한다

5 2cm간격의 퀼팅선을 그린다. 붉은색으로 표시된 부분을 그린 후 좌우로 2cm간격의 선을 그린다.

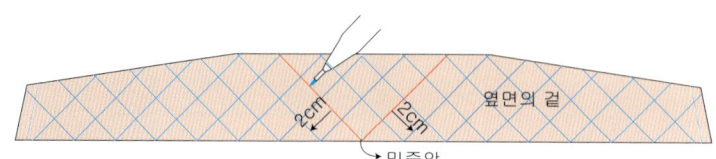

2cm 2cm 옆면의 겉
밑중앙

6 충분히 시침한 후 선대로 퀼팅한다.

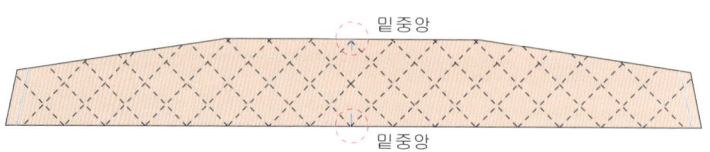

밑중앙
밑중앙

3, 파이핑 준비하기

파이핑 코드(길이 47cm)를 정바이어스(2.5x46cm:시접포함)로 싸서 시침한다.
시침은 1cm 정도의 땀으로 듬성듬성 한다.

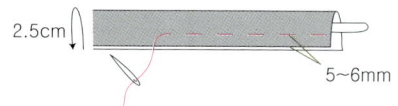

2.5cm
5~6mm

4, 앞면만들기

1 접착퀼팅솜의 접착면 위에 겉감 겉이 보이게 올려놓고 윗부분 끝에서 3mm안쪽을 시침한 후 윗부분 퀼팅솜을 겉천에 맞춰 자른다.

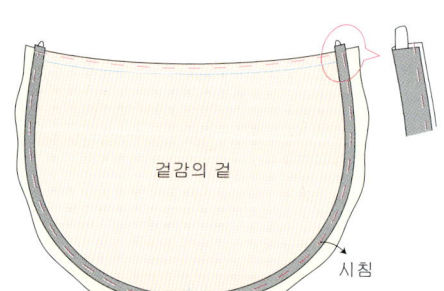

시침
접착퀼팅솜의 접착면
겉감의 겉

2 윗부분을 제외한 나머지부분에 파이핑을 시침한다.

겉감의 겉
시침

3 그위에 안감의 안이 보이게 올려놓고 잘 맞춰 핀을 꽂은 후 윗부분을 모두 창구멍으로 남기고 둘레를 꿰맨다.

안감의 안

④ 퀼팅솜이 보이게 돌려놓고
꿰맨선 가까이 퀼팅솜을 정리한다.

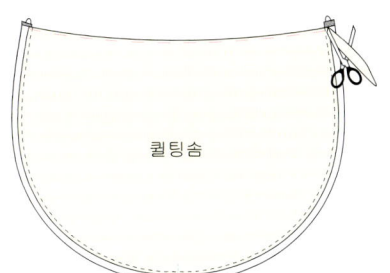

퀼팅솜

⑤ 겉으로 뒤집어 모양을 정리하고 입구부분의
겉감,퀼팅솜,안감의 끝을 잘 맞춰 시침한다.
파이핑끝은 윗부분과 나란히 자른다.

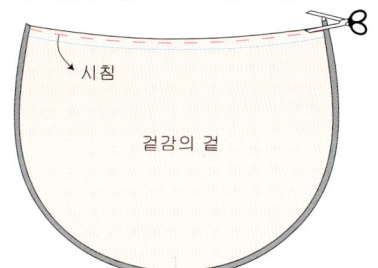

시침

겉감의 겉

⑥ 접착퀼팅솜이 천에 붙도록 다림질한다

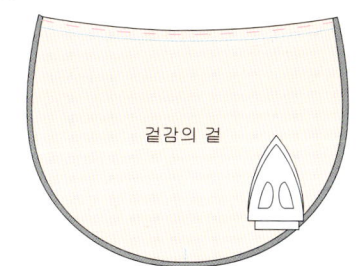

겉감의 겉

⑦ 2cm간격의 퀼팅선을 그린다.
붉은색으로 표시된 부분을
그린 후 좌우로 2cm간격의
선을 그린다.

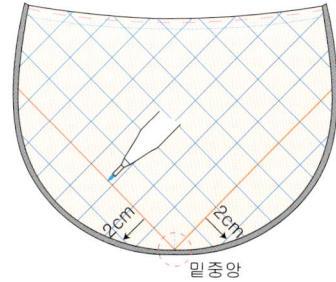

2cm   2cm
밑중앙

⑧ 충분히 시침한 후
퀼팅한다.

=>앞면완성

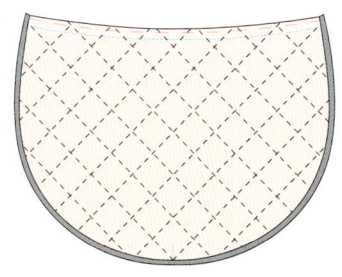

5.앞면과 옆면 연결하기

① 앞면의 안쪽에 옆면의 겉이 보이게 올려놓고 밑중앙을 맞춰 핀을 꽂는다.
옆면의 끝과 앞면의 파이핑 안쪽을 맞춘다.

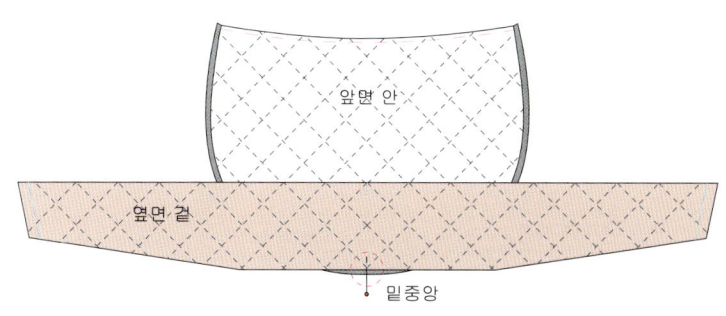

앞면 안

옆면 겉

밑중앙

② 양끝을 맞춰 핀을 꽂은 후
사이사이도 핀을 꽂아 맞춘다.

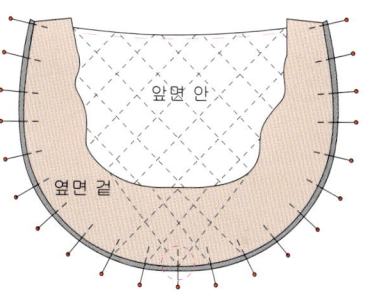

앞면 안

옆면 겉

③ 퀼팅실 2겹으로 옆면의 겉과 앞면의 파이핑을
공그르기한 후 겉이 보이게 뒤집는다.

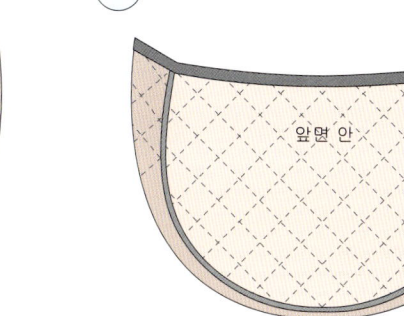

앞면 안

④ 윗부분을 정바이어스(3.5x29cm :시접포함)로 바인딩 처리한다.

앞면 안

양끝은 뒤로 1cm
접고 바느질하여
끝이 깔끔할 수
있게 처리한다.

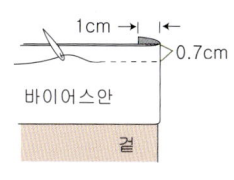

1cm
0.7cm
바이어스안
겉

뒤집어 안쪽에서
0.7cm 접어가며
공그르기한다.

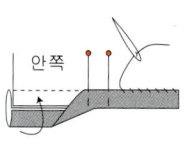

안쪽

⑤ 중앙에서
9cm 내려온
위치를 표시한다.

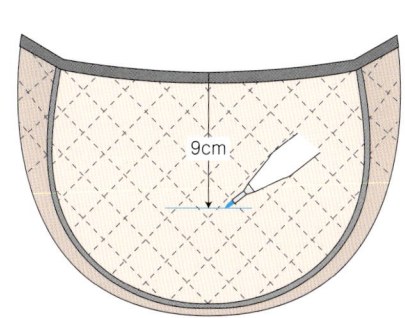

9cm

⑥ 여밈가죽장식을
그려놓은 선에 맞춰
가로로 길게 꿰맨다.

6,뒷면+뚜껑만들기

① 조각을 순서대로 완성선까지만 꿰매 연결한다. 시접은 화살표방향으로 넘긴다.

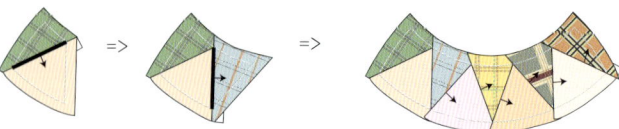

② 실물본 A를 조각이어 놓은 것에 아플리케한다.
실물본 A에 표시해둔 곳과 조각 모서리를 맞춘다.

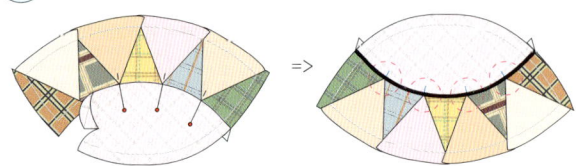

③ 앞과정에 만든 것을
실물본 F에 아플리케한다.
실물본 F에 표시한 곳과
조각 모서리를 맞춘다.

④ 안감의 안쪽에 접착퀼팅솜의
접착면이 보이도록 얹고
그위에 Top의 겉면이 보이도록
올린 후 다림질한다
(다리미에 접착풀이 묻지않도록
주위에 두루마리 휴지를
얹어놓고 다린다.)

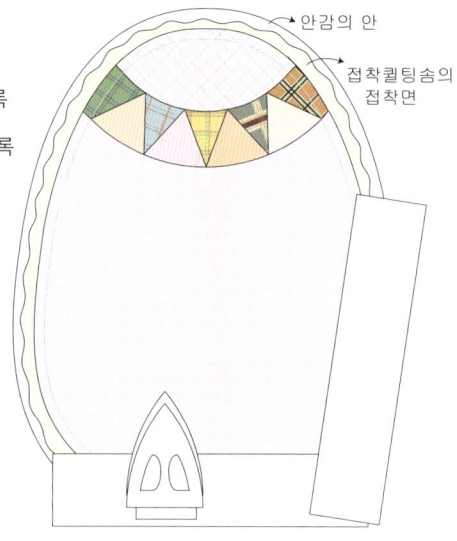

→ 안감의 안

→ 접착퀼팅솜의
접착면

⑤ 퀼팅선을 그린다.
붉은색으로 표시된
부분을 그린 후
좌우로 2cm간격의
선을 그리고
뚜껑부분에는
조각연결부분에서
1cm간격으로 선을
그린다.

1cm

2cm 2cm

⑥ 충분히 시침한 후
그려놓은 선과
조각연결선을
따라가며
아웃라인
퀼팅한다.

1mm

1mm

아웃라인 퀼팅:
연결선에서 1mm 띄워
시접이 넘어간 반대편에
퀼팅하는 방법

⑦ 겉천 끝에서 3mm
안쪽을 시침한 후
겉천에 맞춰 퀼팅솜과
안감을 정리한다.

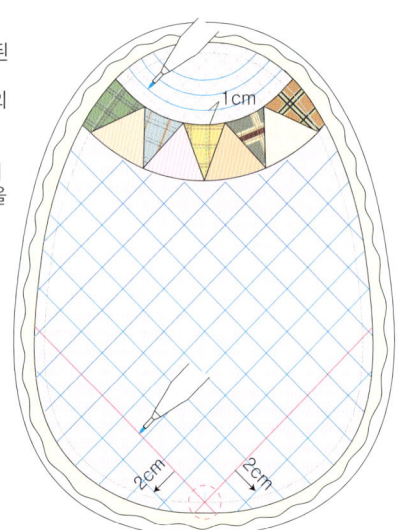

시침

⑧ 밑중앙에서 시작하여
정바이어스로
바인딩 처리한다.
(3.5x85cm:시접포함)

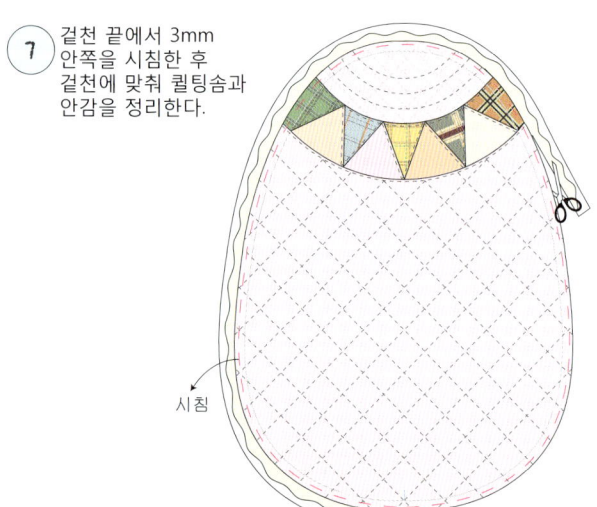

→ 바인딩 시작위치

⑨ 중앙끝에서 3cm띄운
선을 그린다.

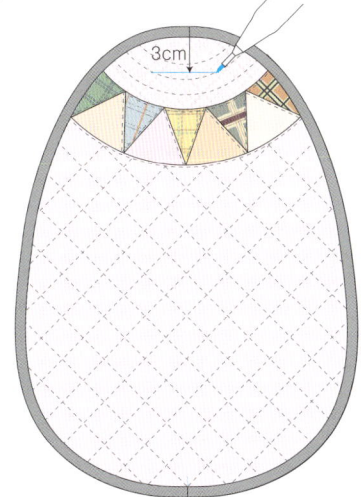

⑩ 그선에 맞춰
여밈장식을 꿰맨다.

7.뒷면에 옆면 연결하기

① 뒷면의 안쪽에 앞면과 연결해 놓은 옆면을 올린다.
옆면의 밑중앙과 뒷면의 밑중앙(바인딩의 안쪽에)을 맞춰 핀을 꽂는다.
나머지 사이사이도 맞춰 핀을 꽂는다.

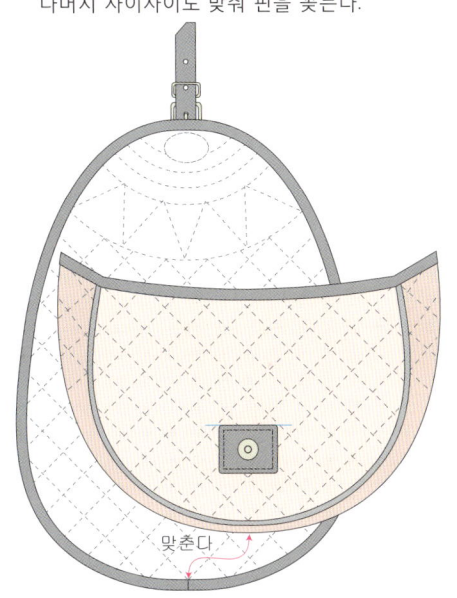

맞춘다

=>

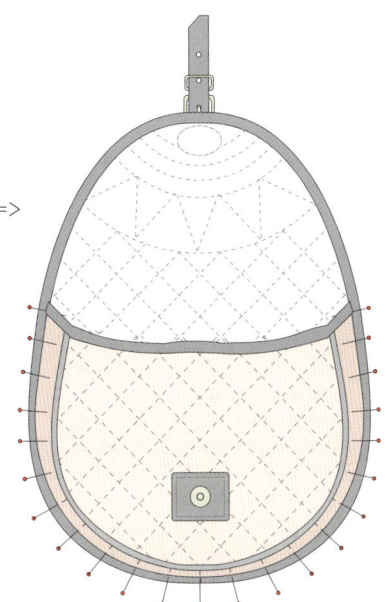

② 퀼팅실 2겹으로 옆면의 겉천과
바인딩의 안쪽 끝부분을 공그르기한다.
처음과 끝은 튼튼하게 되박음 한다.

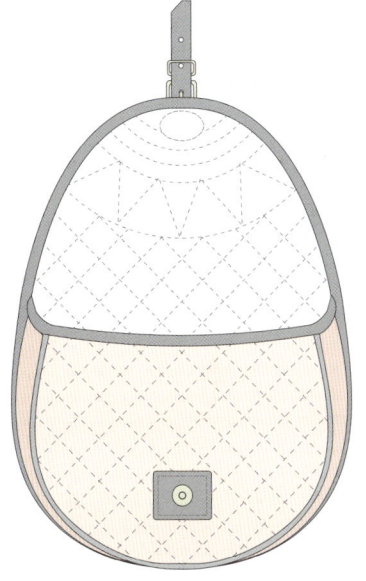

8.핸들꿰매기

옆면에 핸들을 꿰매면 완성

16

헥사곤 오벌백

길쭉한 헥사곤을 정성스럽게 연결하여 만든
타원형의 귀여운 토트백과 파우치 세트
바닥이 넓어 안정감이 있고 수납도 많이 된답니다.

17

헥사곤 오벌파우치

이렇게 만들었어요~

헥사곤 오벌백

- ♥ **필요한 재료**
  마무지 1/8마 ·· 조각천 12종 ·· 안감1/2마 ·· 정바이어스 3.5x60cm 2장 ·· 지퍼 40cm ·· 퀼팅솜 5온스
  프라스틱바닥 23.5x10cm ·· 핸들(PNQ 505)

- ♥ **완성크기**
  가로 30cm x 높이 17cm x 밑폭 11.5cm (끈 길이 제외)  실물본 C면

헥사곤 오벌파우치

- ♥ **필요한 재료**
  마무지 1/8마 ·· 조각천 12종 ·· 안감1/8마 ·· 정바이어스 3.5x43cm 2장 ·· 지퍼 25cm ·· 퀼팅솜 4온스

- ♥ **완성크기**
  가로 21cm x 높이 12cm x 밑폭 7.5cm  실물본 C면

1, 재단하기

① 마무지(겉면에 그린다) (시접 0.7cm따로)

윗부분 2장:윗부분 실물본 사용

마무지 겉면

② 조각천(안쪽에 그린다) (시접 0.7cm따로)

실물본 B 총 28장
실물본 A,C,D,E,F,G 각 2장씩
　주의:천의 안쪽에 그리므로
　완성했을 때는 반대쪽에 위치함

④ 입구 바인딩용 정바이어스 (시접포함)

가방용 2장 : 3.5x60cm
파우치 2장 : 3.5x43cm

③ 안감 (시접포함)

본체안감:
　Top보다 퀼팅솜을 7mm정도 크게 자르고
　안감은 퀼팅솜보다 7mm 정도 더 크게 사용한다.

밑폭 정리용 2장씩:
　가방용 4x12cm,파우치용 4x9cm

바닥싸개용: 25.5x22cm (파우치의 경우 불필요)

2, 바닥 싸개 만들기

① 바닥싸개용(25.5x22cm :시접포함) 안감을 길게 반을
접고 한쪽 옆과 아래에 1cm 선을 그린 후 꿰맨다.

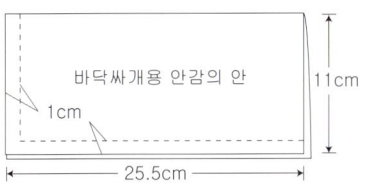

바닥싸개용 안감의 안

11cm
1cm
25.5cm

② 겉으로 뒤집어 바닥용 프라스틱(끝을 둥글게 처리)을 집어넣는다.
입구부분은 시접을 안으로 접어넣고 공그르기한다.

10cm
겉
24.5cm

<=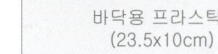

바닥용 프라스틱
(23.5x10cm)

3, 헥사곤 연결하기

① 각 단을 연결한다.
완성에서 완성선까지 꿰매고
시접은 모두 오른쪽으로 넘긴다.

시접 넘긴 모습

② 1단과 2단을 연결한다. 한쪽면씩 맞춰 핀을 꽂는다.
시접은 꿰매지지 않도록 들춰가며 완성에서 완성선까지 꿰맨다.

③ 세곳이 모인 곳에서는 반대편 모서리로 바늘을 보낸다.
모서리에서는 실이 느슨해지지 않도록 한번씩 되박음한다.

④ 바람개비 시접으로 넘긴다.

⑤ 같은 방법으로 단을 모두 연결한다.

4.Top 완성하기

시침하는 방법

1.완성 꼭지점에
핀을 꽂는다

2.오른쪽 시접을
접고 시침한다

3.왼쪽 시접을
접고 시침한다

① 연결된 헥사곤의 윗부분 시접을 접어가며 시침(시침하는 방법 참조)한 후 마무지에 그려 놓은 선에 잘 맞춰
핀을 꽂고 아플리케한다. 아랫부분도 마찬가지 방법으로 마무지에 아플리케한다.

② 아플리케가 끝난 후 다림질하여 정리한다음
퀼팅선(흰색선으로 표시)을 그린다.
마무지에는 모서리에서 위로 세로선을 그리고
헥사곤에는 0.7cm안쪽으로 선을 그린다.

파우치의 경우는 헥사곤안에 퀼팅선을
그리지 않아도 괜찮다. 헥사곤 주위를 따라
아웃트라인 퀼팅(시접이 넘어간 반대편에
1mm 띄워가며 퀼팅하는 방법)한다.

Top완성

7mm

5.퀼팅하기

안감 → 퀼팅솜 → Top 순으로 포개어 충분히 시침한 후
그려놓은 선과 아플리케한 곳에서 1mm가량 띄워가며 퀼팅한다.
퀼팅이 끝나면 Top 끝에서 3mm안쪽을 시침한 후
퀼팅솜과 안감을 Top에 맞춰 정리한다.

안감

퀼팅솜

1mm

3mm 안쪽 시침

6.둥근부분 바인딩 처리하기

① 정바이어스로 자른 바인딩용천을
바깥쪽에 맞춰 핀을 꽂은 후
0.7cm 시접으로 꿰맨다.

바인딩천의 안
0.7cm

② 안감쪽에서 시접 0.7cm접어 넣어가며
공그르기하여 바인딩을 마무리한다.

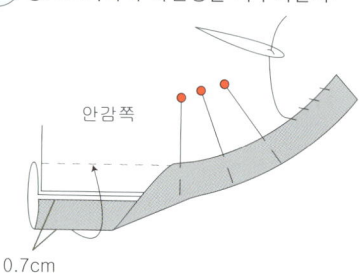

안감쪽
0.7cm

③ 옆면 연결시작점을 각각 네곳(점선표시부분) 표시해둔다
(표시방법은 아래 사진 참조)

가방의 경우는 2.5cm 내려온 곳을 표시하고
파우치의 경우는 1cm 내려온 곳을 표시한다.

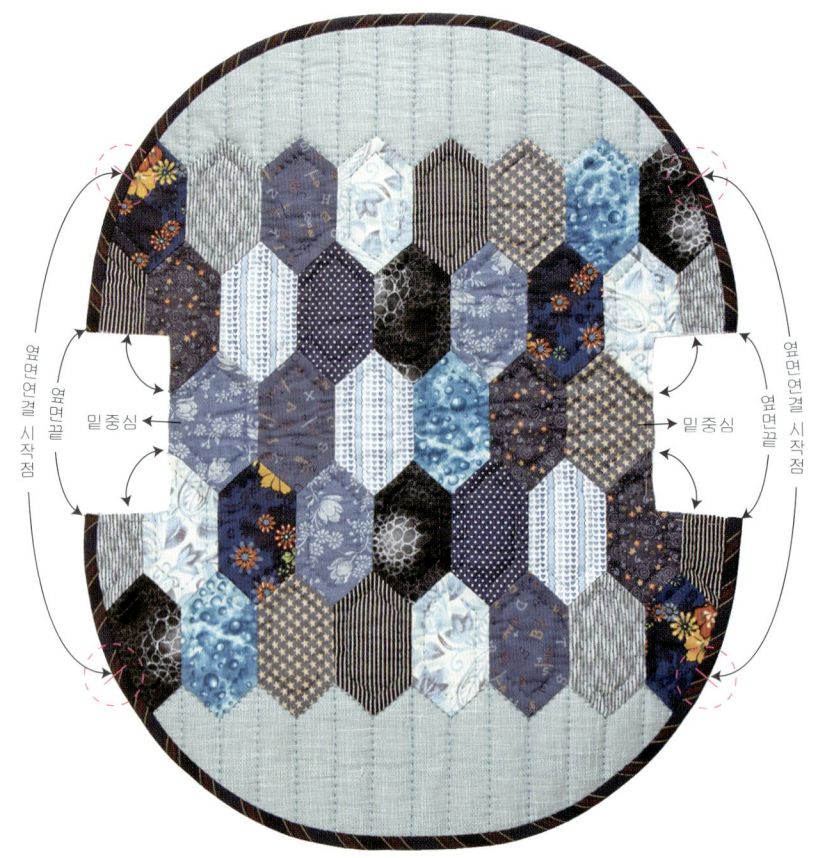

옆면연결 시작점
옆면끝
밑중심
밑중심
옆면끝
옆면연결 시작점

7.옆 연결하기

반을 접은 후 옆면연결 시작점과 옆면끝을 맞춰 핀을 꽂은 후
공그르기하여 옆을 연결한다.
처음 시작부분은 두세 번 감침해서 튼튼하게 해준다.

8.밑면 연결하기

0.7cm

① 옆연결선과 밑중심을 맞춰 핀을 꽂는다.

② 밑폭정리용 안감의 양끝을 접고 0.7cm 시접으로 꿰맨다.

③ 밑면쪽에서 시접 0.7cm 접어 넣어가며 공그르기하여 감싸 정리한다.

9.지퍼달기

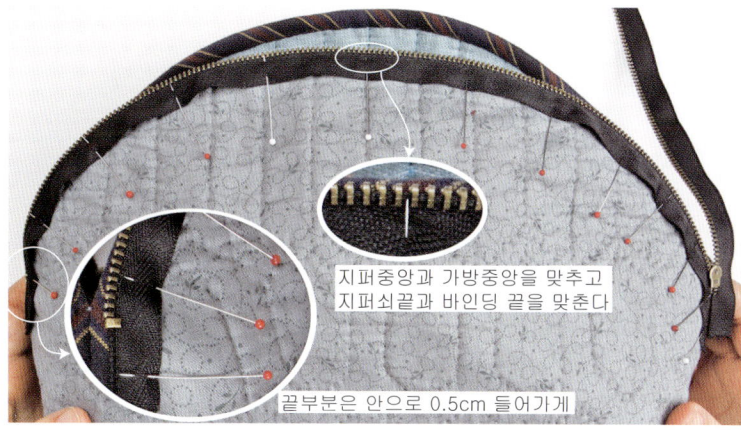

지퍼중앙과 가방중앙을 맞추고 지퍼쇠끝과 바인딩 끝을 맞춘다

끝부분은 안으로 0.5cm 들어가게

7mm

① 지퍼를 열고 지퍼의 중앙과 가방의 중앙을 맞춰 핀을 꽂은 후 좌우로 핀을 꽂아 나간다. 지퍼쇠끝과 바인딩끝이 나란하도록 핀을 꽂는데 양끝부분은 안으로 0.5cm 들어가도록 핀을 꽂는다.

② 지퍼쇠끝에서 7mm 아래를 반박음질로 꿰맨다. 반박음질시 뒤로 가는 땀은 2mm를 넘지않게 뜬다.

왼쪽 핀꽂은 모습

오른쪽 핀꽂은 모습

③ 지퍼단 끝쯤을 홈질하여 들뜨지 않게 정리한다.

④ 맞은편 지퍼도 같은 방법으로 꿰맨다.

10.핸들달기

겉으로 뒤집어 사진위치에 핸들을 꿰매고 바닥싸개를 바닥에 끼워넣으면 완성.

PNQ 505핸들의 경우 웨이빙이 꿰매져 있는 윗부분도 꿰매 원전체가 꿰매지게 한다.

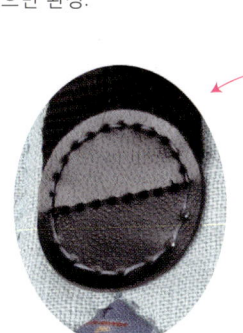

18

트라이앵글 보스톤백

보스톤백은 가장 트렌디한 백으로
수납공간이 넓어 짧은 여행에도 멋진 친구가 되어줍니다.

양옆에는 포켓이 있어
핸드폰이나 소품을
보관하기 편리하고

D링 고리에는
예쁜장식을 매달거나
크로스핸들을
사용할 수도 있습니다.

이렇게 만들었어요~

♥ **필요한 재료**
아즈미노무지 1/2마 ‥ 안감 2/3마 ‥ 조각천 16종 ‥ 지퍼 30cm ‥ 퀼팅솜 접착 5온스
자석 2개 ‥ D링(외경 2.5cm) 2개 ‥ 바닥용 프라스틱(28x13cm) ‥ 핸들(Hobby & Land 2073)

♥ **완성크기**
가로 32cm x 높이 17cm x 밑폭 15cm (핸들 길이 제외)   실물본 B면

1, 재단하기

① 아즈미노무지

밑바닥 1장:30x15cm ┐ 안쪽면에 그린다
윗부분 2장:30x5cm ┘ (시접0.7cm따로)
포켓아래 2장:실물본 ┐ 겉면에 그린다
포켓위 2장:실물본 ┘ (시접0.7cm따로)
입구바인딩용 2장:3.5x31.5cm (시접포함)
D링고리용 2장:4x7cm (시접포함)

포켓용 겉감천의 겉면에는 중앙과 퀼팅위치를 표시한다.

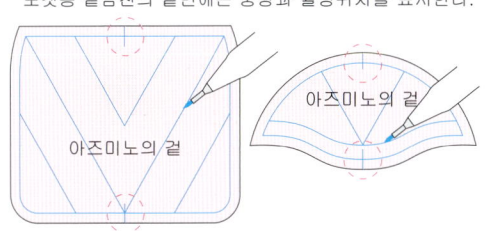

② 안감(안쪽면에 그린다)

본체용 안감 1장:34x59cm ┐
옆면 안감 2장:18x20cm │
바닥싸개용 1장:30x28cm ├ (시접포함)
옆면 속바인딩용 2장:4x57cm ┘
포켓아래 2장:실물본 ┐ (시접0.7cm따로)
포켓위 2장:실물본 ┘

포켓용 안감천의 안쪽면에는 중앙위치를 각각 표시한다.

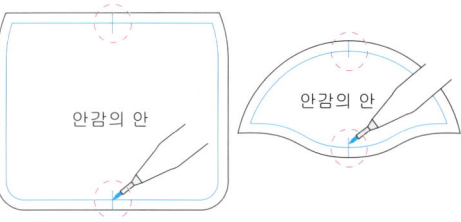

③ 조각천(안쪽면에 그린다)

주의 : 실물본을 꼭 뒤집어 그린다.

실물본A 2종 각 2장씩 ┐
실물본B 2종 각 2장씩 ├ (시접0.7cm따로)
실물본C 12종 총 36장 ┘
→ 6종 각 4장씩,6종 각 2장씩

실물본 B 재단예:

2. 본체 만들기

1 재단한 조각들을 겉면이 보이도록 배치한 후 작은 삼각형들을 위에서부터 아래의 순서대로 연결한다. 시접은 화살표 방향으로 넘긴다(위에서부터 아래의 순서대로 꿰맬 경우 시접에서 시접까지 꿰매도 시접을 넘기는데 불편하지 않다)

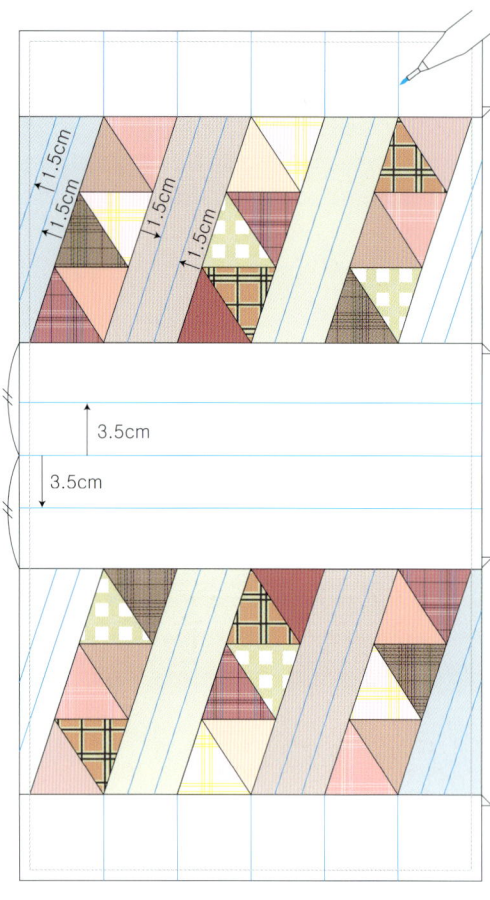

2 나머지 길쭉한 삼각형들을 각각 연결한 후 화살표 방향으로 시접을 넘긴다=> 2장 만든다.

3 밑면용 아즈미노를 연결한 후 시접은 아즈미노쪽으로 넘기고 옆 그림처럼 퀼팅선을 그린다. => Top 완성

4 안감의 안쪽위에 퀼팅솜을 올리고 그위에 Top을 올린다. 접착솜이 붙도록 다림질한다. 접착풀이 다리미에 묻지 않도록 가장자리에는 두루마리 휴지를 덮어놓고 다린다.

5 시침한 후 그린선과 조각 연결부분을 따라가며 아웃라인 퀼팅(시접이 넘어간 반대편에 1mm가량 띄우며 퀼팅) 한다. 퀼팅이 끝난 후 Top에 맞춰 퀼팅솜과 안감을 정리한다

6 양끝을 바인딩(3.5x31.5cm : 시접포함)처리한다.

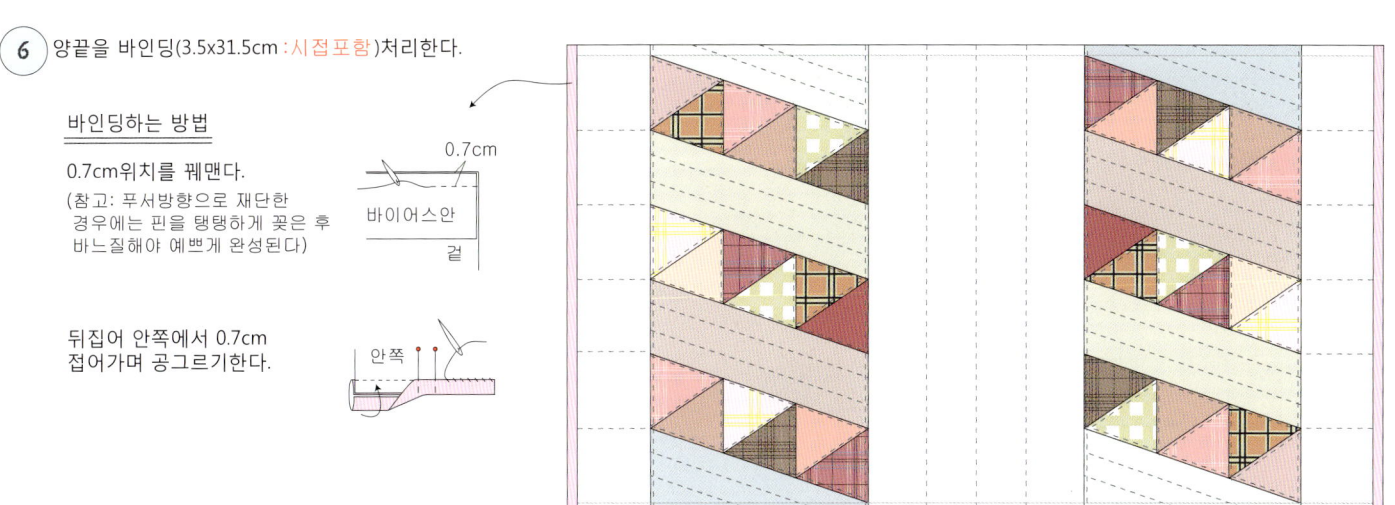

바인딩하는 방법

0.7cm위치를 꿰맨다.
(참고: 푸서방향으로 재단한
경우에는 핀을 탱탱하게 꽂은 후
바느질해야 예쁘게 완성된다)

0.7cm
바이어스안
겉

뒤집어 안쪽에서 0.7cm
접어가며 공그르기한다.

안쪽

7 바인딩 처리한 곳 안쪽에 지퍼를 꿰매 원통형이 되게 만든다.

a.지퍼를 열고 지퍼 중앙과 본체의 중앙을
맞춰 핀을 꽂은 후 양쪽으로 핀을 꽂아 나간다
(지퍼의 쇠끝과 바인딩 끝을 맞춘다.)

b.지퍼의 쇠끝에서 0.7cm되는 위치를
반박음질로 꿰매고 지퍼 아래는
홈질로 들뜨지 않게 정리한다

c.반대쪽은 핀을 지퍼와 나란히 꽂은 후
지퍼를 닫아보아 앞뒤가 잘 맞춰졌는지
확인한 후 지퍼를 다시 열어놓고 꿰맨다.

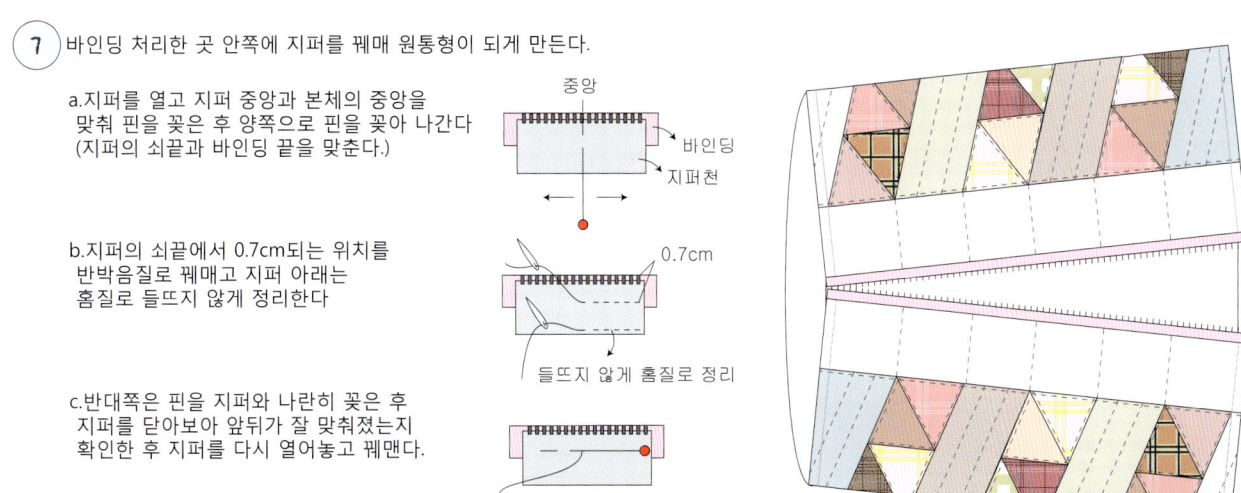

중앙
바인딩
지퍼천

0.7cm

들뜨지 않게 홈질로 정리

핀을 나란히 꽂고 지퍼를
닫아보아 앞뒤가 잘 맞는지 확인한다

8 지퍼를 닫고 양끝을 각각 5mm씩 감침하여 연결한다.
양끝의 지퍼천은 겉천에 맞춰 정리한다

9 D링고리를 만들어 양끝에 각각 시침한다.

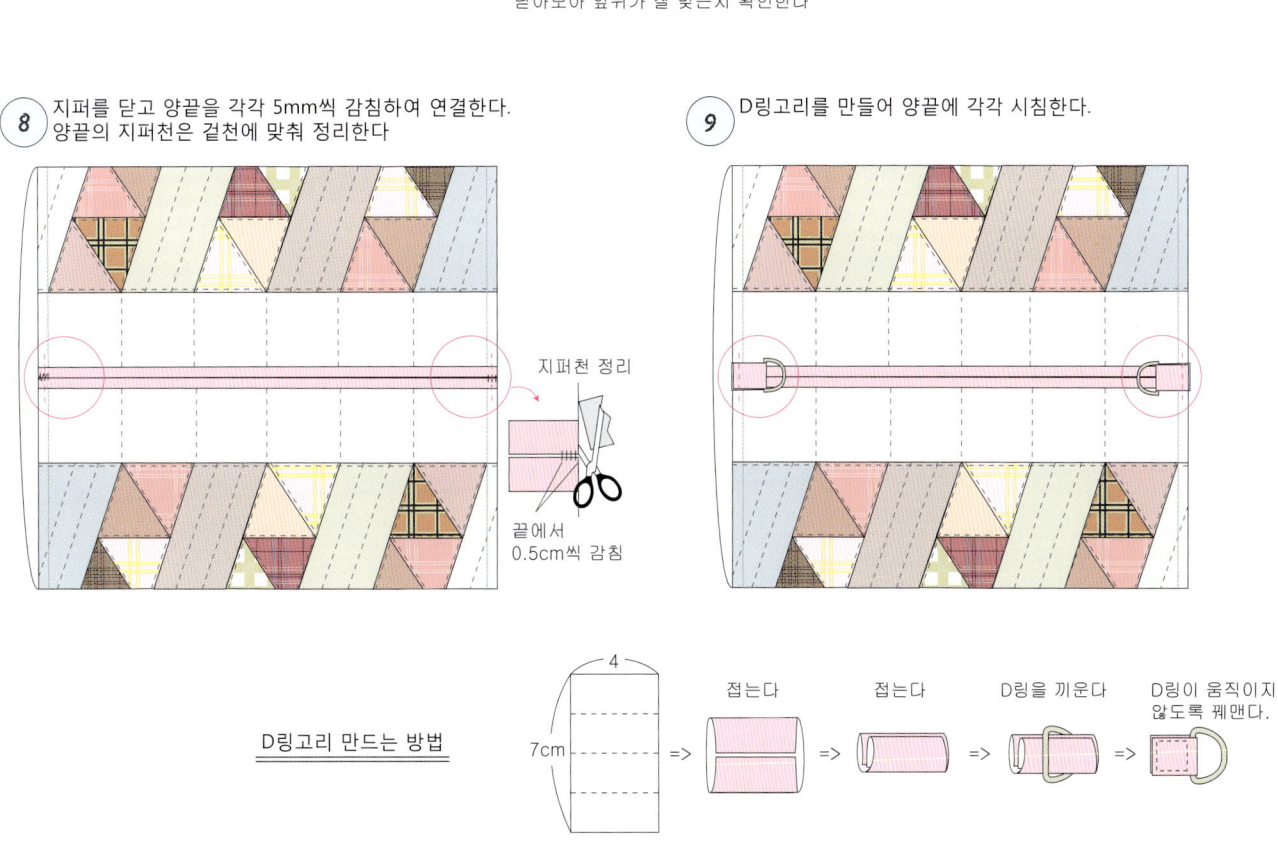

지퍼천 정리

끝에서
0.5cm씩 감침

D링고리 만드는 방법

4

7cm

=> 접는다 => 접는다 => D링을 끼운다 => D링이 움직이지
않도록 꿰맨다.

3.옆면 만들기

1 퀼팅솜의 접착면 위에 포켓용 겉감의 겉이 보이도록 얹은 후 그림처럼 각각 시침한다.

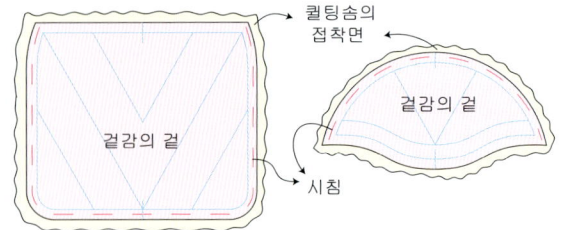

퀼팅솜의 접착면

겉감의 겉

겉감의 겉

시침

2 시침한 곳의 퀼팅솜을 천에 맞춰 각각 자른다.

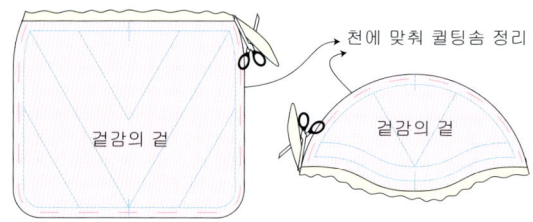

천에 맞춰 퀼팅솜 정리

겉감의 겉

겉감의 겉

3 그위에 안감을 안쪽이 보이도록 얹어 겉감과 안감을 잘 맞춰 핀을 꽂는다. 포켓아래는 윗부분을 꿰매고 포켓위는 아래부분을 각각 꿰맨다.

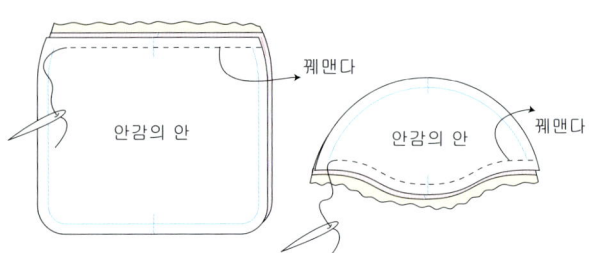

꿰맨다

안감의 안

안감의 안

꿰맨다

4 퀼팅솜이 보이게 놓고 꿰맨곳의 퀼팅솜을 꿰맨선 가까이 자른다.

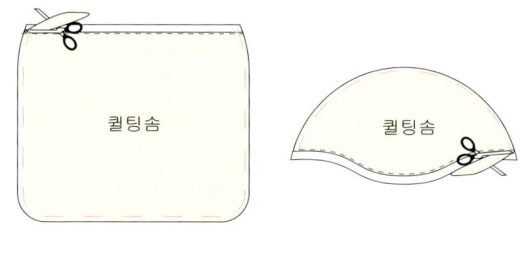

퀼팅솜

퀼팅솜

5 포켓위 아래 곡선부분에는 가윗집을 준다. 안감이 보이도록 돌려놓고 그림처럼 가윗집을 준다.

포켓위 안감의 안

6 겉이 보이도록 안감을 들춰 뒤로 넘긴다음 모양을 다듬는다.

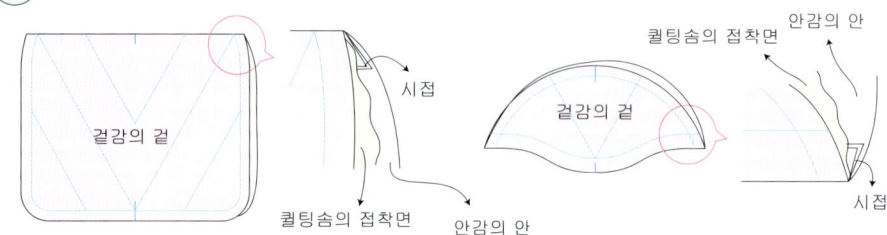

겉감의 겉

시접

퀼팅솜의 접착면

안감의 안

퀼팅솜의 접착면

안감의 안

겉감의 겉

시접

7 겉감,퀼팅솜,안감을 잘 맞춰 핀을 꽂은 후 둘레를 따라가며 시침한다음 접착솜이 붙도록 다림질한다.

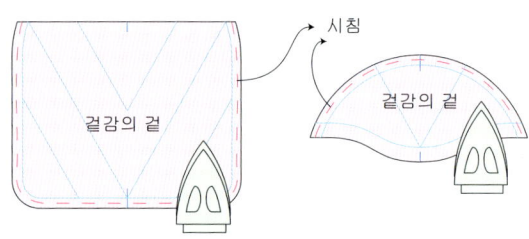

시침

겉감의 겉

겉감의 겉

8 시침한 후 선대로 퀼팅한다음 자석을 꿰맨다. 포켓아래에는 겉감쪽에 (⌣)를 꿰매고 포켓위는 안감쪽에 (⌢)를 꿰맨다.

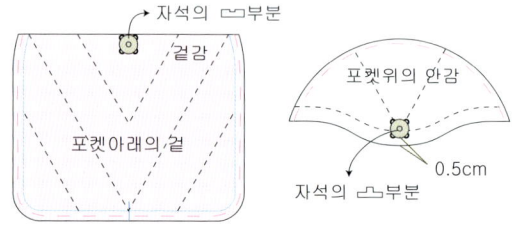

자석의 ⌣부분

겉감

포켓아래의 겉

포켓위의 안감

0.5cm

자석의 ⌢부분

9 그림처럼 나란히 놓고 끝에서 5mm씩 감침으로 연결한다 => 포켓 완성

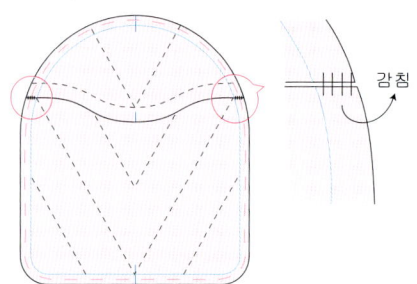

감침

10 옆면 안감의 안쪽면 위에 완성된 포켓을 올려놓는다. 주위를 시침한 후 겉면에 맞춰 정리한다=>옆면완성

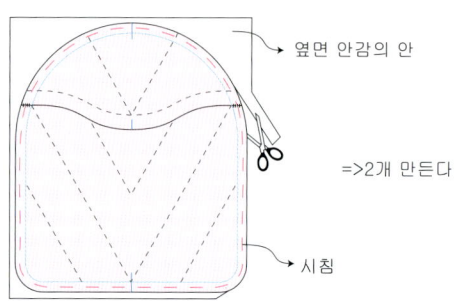

옆면 안감의 안

=>2개 만든다

시침

4,바닥 싸개 만들기

① 바닥싸개용(30x28cm :시접포함) 안감을 길게 반을 접고 한쪽옆과 아래에 1cm 선을 그린 후 꿰맨다.

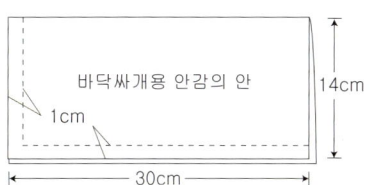

바닥싸개용 안감의 안
1cm
14cm
30cm

② 겉으로 뒤집어 바닥용 프라스틱을 집어넣는다. 입구부분은 시접을 안으로 접어넣고 공그르기한다.

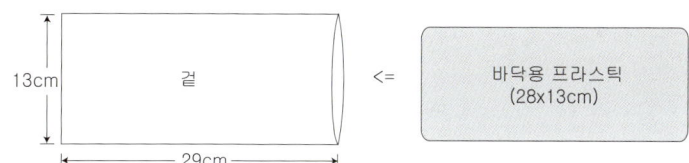

13cm
겉
29cm
<=
바닥용 프라스틱 (28x13cm)

5,본체와 옆면 연결하기

① 본체 지퍼를 열고 안이 보이도록 뒤집어 옆면과 겉끼리 마주보게 핀을 꽂는다. 밑중앙과 윗중앙을 맞춰 핀을 꽂고 사이사이도 맞춰 핀을 꽂는다.

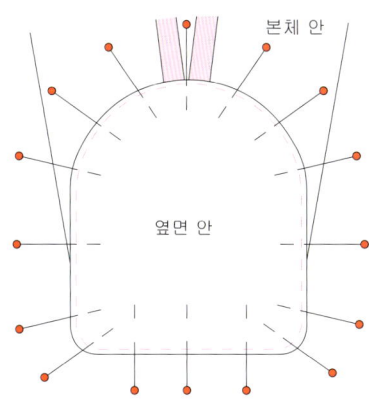

본체 안
옆면 안

② 반박음질로 튼튼하게 꿰맨다. 느슨하지 않도록 주의한다.

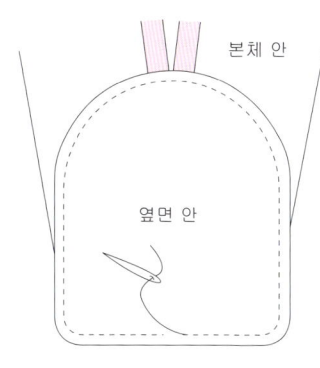

본체 안
옆면 안

③ 시접은 속바인딩용 안감천으로 바인딩처리한다.

본체 안
옆면 안

④ 반대쪽도 같은 방법으로 연결한다.

⑤ 만들어 놓은 프라스틱 바닥싸개를 밑면중앙에 놓고 군데군데 약간 느슨하게 꿰맨다.

6,겉으로 뒤집어 핸들을 꿰맨다,

튤립모양으로 구멍이 있는 핸들은 가운데 V자부분은 꿰매지 않는다.

Part 4

아플리케하여 만든 백

부드러운 곡선을 표현하는 아플리케기법으로
정겹고 사랑스러운 가방을 만듭니다.

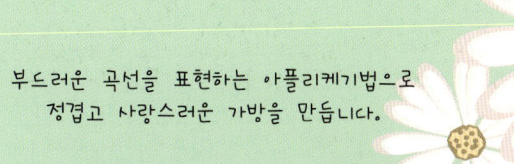

19
드레스덴 플레이트 투웨이백

멋드러지게 피어난 드레스덴 플레이트
가방입구에 사용된 독특한
웨이브핸들이 여성스러움을 더하고
크로스백과 토트백 겸용이라
더욱 매력적입니다.

크로스백으로 사용할 때는 손잡이 부분을 안으로 넣을 수 있고
여밈장식을 덧대어 가방 입구가 벌어지지 않아 깔끔하게 들 수 있습니다.

크로스 핸들을 사용하지 않으면
여성스러움이 물씬 풍기는 멋스러운 토트백으로 변신합니다

♥ 필요한 재료
바탕 1/2마··안감 1/2마··조각천 9종··퀼팅솜 5온스··입구여밈용 퀼팅솜 접착 2온스 약간
웨이브 핸들(Hobby & Land 5480)··D링 장식(Hobby & Land 2631)··크로스 핸들(Hobby & Land 2078)

♥ 완성크기
가로 28cm x 높이 18cm x 밑폭 7cm (끈 길이 제외)   실물본 C면

1.재단하기 (모두 시접 0.7cm따로)

① 안감(실물본으로 안쪽면에 그린다)

옆면:1장
굵(밑중앙)을 중심으로 대칭으로 그린다. 한쪽 중앙에 창구멍(약 7cm)을
표시한다.

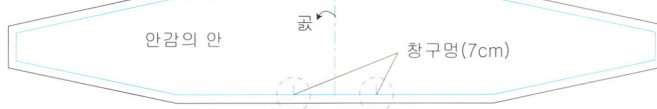

앞면,뒷면:각 1장씩
전체 실물본을 사용하여 그린다. 아래그림처럼 점선부분을
모두 표시한다.

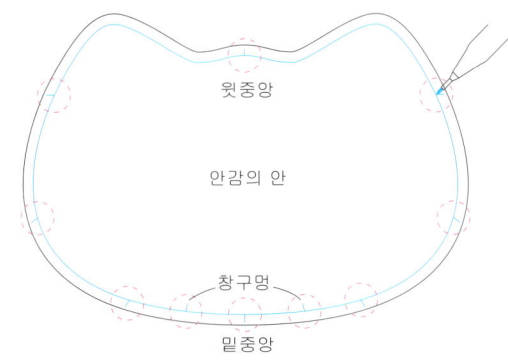

여밈장식 :4장
여밈장식 실물본을 사용(모두 안감천으로 재단)

② 바탕(실물본으로 겉면에 그린다)

옆면:1장
굵(밑중앙)을 중심으로 대칭으로 그린다

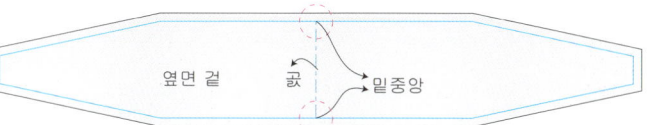

앞(뒷)면:2장(실물본 E)
전체 실물본에서 꽃부분을 오려낸 후 그린다.점선부분을 표시한 후
점선부분과 꽃의 모서리 부분을 연결하는 퀼팅선을 그린다.

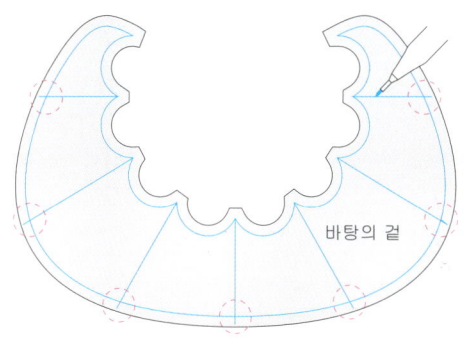

③ 조각천(실물본으로 겉면에 그린다)
실물본 A,B,D: 각 2장씩
실물본 C : 6종 각 2장씩

2.옆면만들기

① 재단한 옆면 겉에 퀼팅선을 그린다.
중앙과 중앙에서 각각 2cm 띄운 선을 그린다.

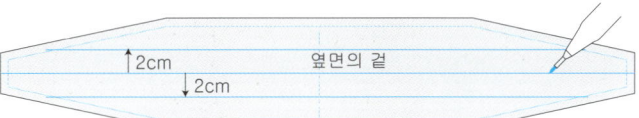

② 퀼팅솜 위에 겉감의 겉이 보이도록 놓고 그위에 안감의 안이
보이게 포갠 후 창구멍만 남기고 꿰맨다.

③ 퀼팅솜이 보이게 돌려놓고 퀼팅솜을 정리한다. 꿰맨곳의 퀼팅솜은
꿰맨선 가까이 정리하고 코너에는 가윗집을 준다.

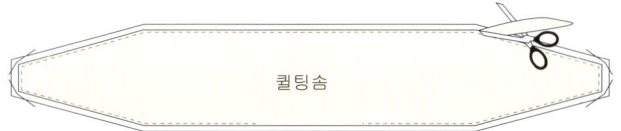

④ 창구멍으로 뒤집는다. 모양을 정리한 후 창구멍은 공그리기한다.

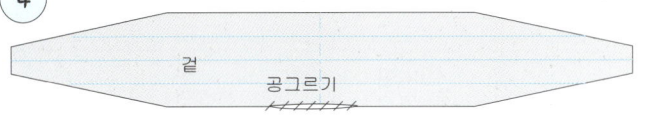

⑤ 시침한 후 퀼팅한다.

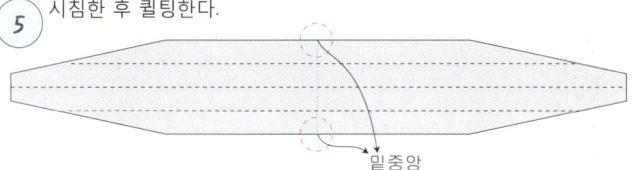

3,여밈장식 만들기 (얇은 2온스 퀼팅솜을 사용하거나 접착심 사용)

① 퀼팅솜 위에 재단한 것 중 겉감이 될 것의 겉면이 보이게 올려놓고 윗부분을 시침한다.

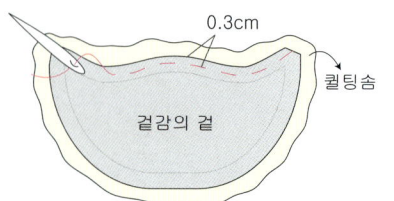

② 윗부분 퀼팅솜을 겉천에 맞춰 정리한다.

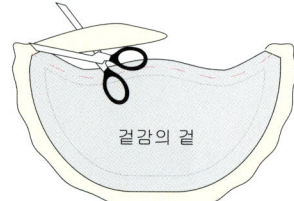

③ 그위에 안감을 안이 보이게 포갠 후 윗부분을 남기고 꿰맨다.

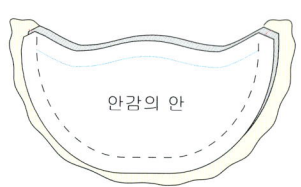

④ 퀼팅솜이 보이도록 놓고 퀼팅솜을 꿰맨 곳 가까이 자른다.

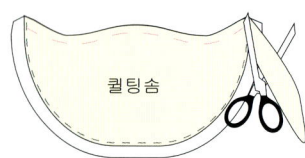

⑤ 안감이 보이도록 놓고 곡선부분에 가윗집을 준다.

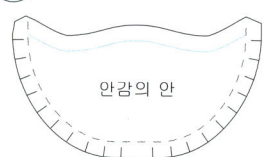

⑥ 겉으로 뒤집어 모양을 정리한 후 윗부분끝을 잘 맞춰 시침한다.

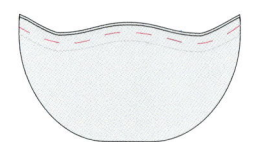

⑦ 1cm 안쪽을 퀼팅한다. => 2개 만든다

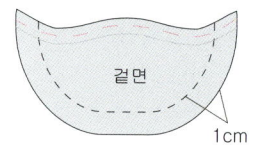

4,앞,뒷면 만들기

① 1번천에 2번천을 아플리케한다.(빨간색 표시부분) (손자국을 낸 후 안쪽에서 홈질로 꿰매도 된다)

아플리케할 부분을 접어 손자국을 낸다.

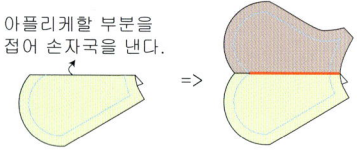

② 나머지도 번호순으로 꿰맨다.

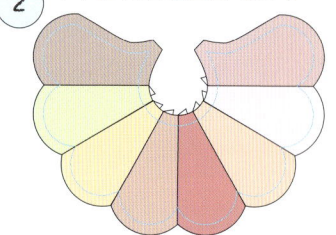

③ 중심을 아플리케한다.

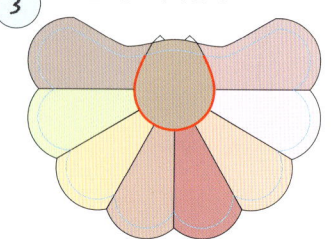

④ 바탕천에 빨간색 표시부분을 아플리케한다 => Top완성

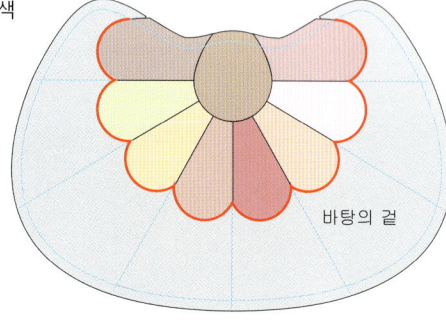

⑤ 퀼팅솜 위에 Top의 겉면이 보이도록 얹고 그위에 여밈장식의 안쪽면이 보이도록 올려놓고 시침한다.

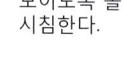
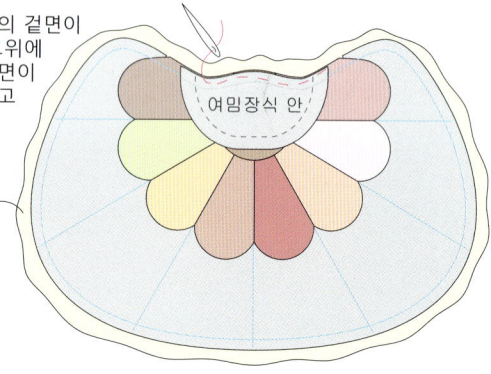

⑥ 그위에 안감의 안이 보이도록 얹는다. 표시부분을 잘맞춰 핀을 꽂은 후 창구멍을 남기고 꿰맨다.

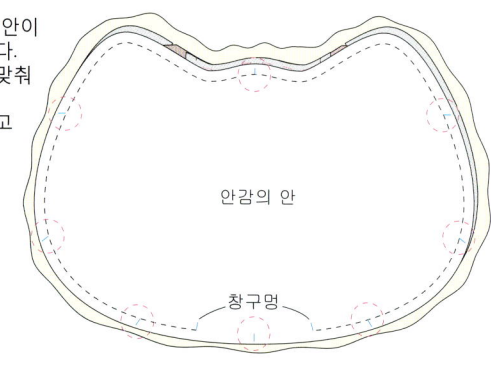

⑦ 퀼팅솜이 보이도록 놓고 퀼팅솜을 꿰맨곳 가까이 자른다. 창구멍 퀼팅솜은 완성선 가까이 자른다.

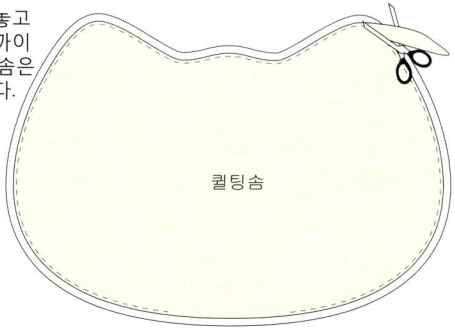

⑧ 안감이 보이도록 놓고 가윗집을 준다.

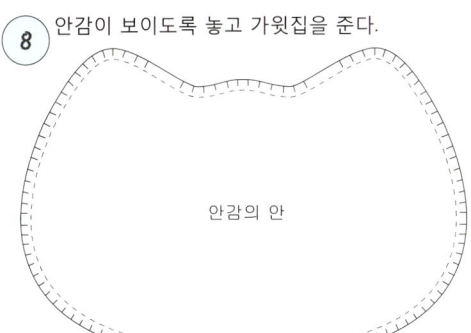

안감의 안

⑨ 겉으로 뒤집어 모양을
정리한 후 창구멍은
공그르기한다.

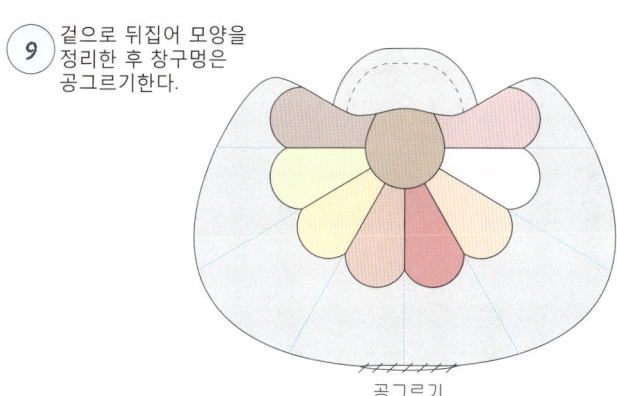

공그르기

⑩ 충분히 시침한 후 그려놓은 선과 아플리케 주위를
따라가며 퀼팅한다.아플리케 주위는 1mm 띄워가며
시접이 넘어간 반대편에 퀼팅한다.

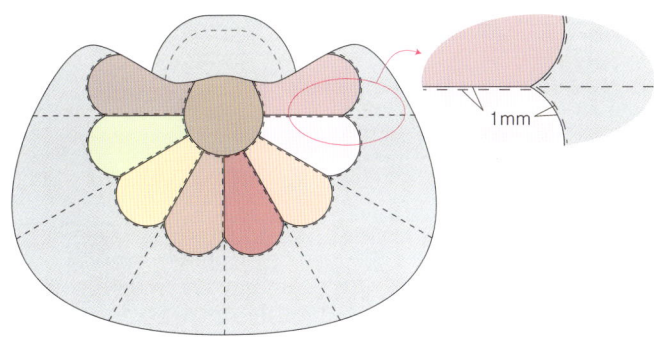

1mm

⑪ 핸들은 1cm가량 겹쳐지게 자리잡아 대충
시침해 놓은 후 꿰매고 자석은 끝에서
1cm 띄운 곳에 꿰맨다.

1cm

1cm

=> 앞,뒷면 완성

5. 앞(뒷면)에 옆면 연결하기

① 앞면 밑중앙과
옆면 밑중앙을
겉끼리 마주보게
핀을 꽂는다.

옆면의 안

밑중앙

② 차례대로 양쪽으로
핀을 꽂아 나간다.
양끝위치가
비슷하도록
맞춘다.

옆면-안

③ 퀼팅실 2겹으로 앞면의 겉과
옆면의 겉을 공그르기한다.

④ 뒷면도 같은 방법으로 핀을
꽂은 후 공그르기로 연결한다.

⑤ 겉으로 뒤집는다.

6. 옆면에 D링장식 꿰매기

크로스백으로 사용하지 않을 경우에는 생략

21
귀염토끼 보조가방

아이에게 사랑을 듣게 해주세요.
학교 가는 발걸음이 행복할꺼예요.

20
귀염토끼 핸폰집

크고 작은 원을 퀼팅하여 몽글몽글 구름 느낌을 표현합니다.
구름과 꽃을 벗삼은 귀여운 토끼를 보고 있노라면 입가에 미소가 번집니다.

20

귀염토끼 핸폰집

토끼를 싫어하는 아이도 있을까요?
약간 크게하여 크로스백으로
만들어도 멋지답니다.

이렇게 만들었어요~

♥ **필요한 재료**
바탕체크,짙은체크,안감,토끼용 2종 약간씩
수실 2종‥꽃단추(대:1개,소 2개)‥단추(9mm)
눈(씨드비즈) 2개‥싸개프라스틱(지름 1.5cm)
싸개스냅‥잠금고리‥D링(외경 1.5cm)
퀼팅솜 4온스‥여밈장식용 접착심

♥ **완성크기**
가로 8cm x 높이 11.5cm (끈 길이 제외)

실물본 D면

1,재단하기

① 안감 (안쪽에 그린다)
전체 실물본:8.5x22cm (시접 0.7cm따로)

③ 짙은 체크 (안쪽에 그린다)
밑면1장:실물본 (시접 0.7cm따로)
여밈장식 2장:실물본 (시접 0.7cm따로)
바인딩용:3.5x18.5cm (시접포함)
끈:4x20cm (시접포함)
D링 고리:4x5.5cm (시접포함)

④ 조각천 (시접 0.5cm따로)
토끼옷:실물본
아플리케하기 위해 천의 겉면에 그린다.
토끼몸:실물본
귀 4장:천의 안쪽에 그린다.
얼굴과 팔:아플리케하기 위해 천 겉면에 그린다.

⑤ 접착심 (시접포함)
여밈장식용:실물본
힘을 주기위한 것으로
접착심 대신 천을 한겹 더 사용해도 됨

② 바탕체크 (겉면에 그린다)
앞면,뒷면 각 1장씩:실물본 (시접 0.7cm따로)
아플리케위치,수놓을 도안,퀼팅선을 그린다.
퀼팅선 그리는 방법참조
싸개단추:싸개프라스틱 (시접 0.7cm따로)

앞면
겉

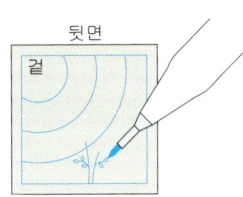
뒷면
겉

퀼팅선 그리는 방법

네 곳을 오려내어 퀼팅용 본을 만든다

적당한 위치에 올려 놓고 선들을 그린다

2.여밈장식 만들기

① 시접 없이 재단한 접착심을 시접을 두고 재단한 천 안쪽에 다림질하여 붙인다.

시접두고 재단한 천의 안쪽

실물본대로 재단한 접착심

② 뒷면(접착심 없는천)과 겉끼리 마주보게 포갠 후 창구멍을 남기고 접착심을 따라 꿰맨다.

뒷면천

접착심을 다린천

③ 곡선부분에 가윗집을 준다.

④ 겉으로 뒤집어 모양을 다듬는다.

3.끈과 D링고리 만들기

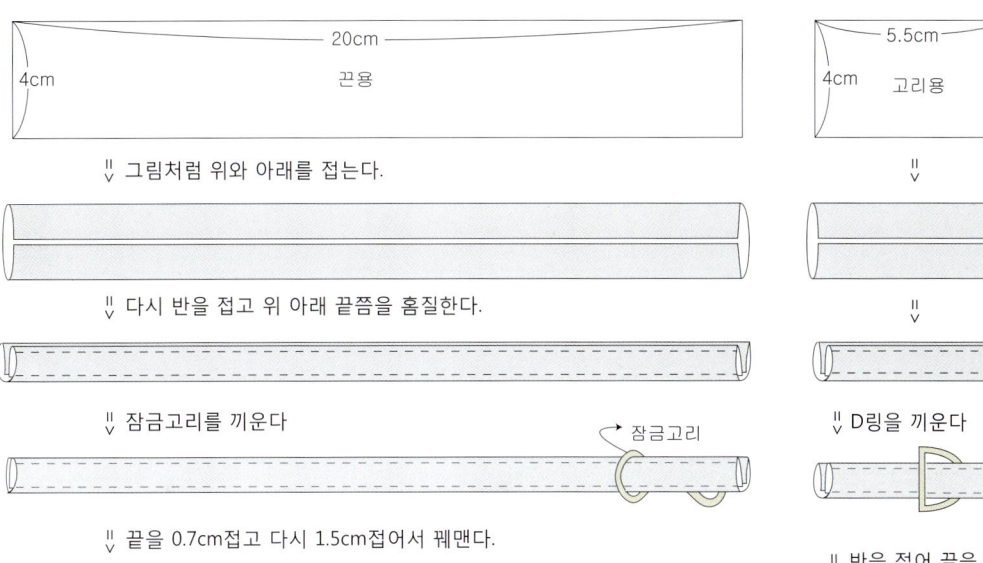

20cm

4cm

끈용

5.5cm

4cm

고리용

▼ 그림처럼 위와 아래를 접는다.

▼

▼ 다시 반을 접고 위 아래 끝쯤을 홈질한다.

▼

▼ 잠금고리를 끼운다

잠금고리

▼ D링을 끼운다

D링을 끼운다

▼ 끝을 0.7cm접고 다시 1.5cm접어서 꿰맨다.

0.7cm
1.5cm

▼ 반을 접어 끝을 꿰맨다.

4.귀 만들기

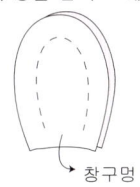

두장씩 겹친 후 아래에 창구멍을 남기고 꿰맨다.

창구멍

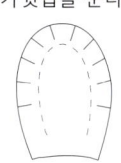

곡선부분에 가윗집을 준다.

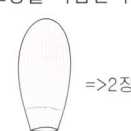

핀셋이나 겸자를 이용해 뒤집고 모양을 다듬는다.

=>2장

핀셋이나 겸자가 없을 때 뒤집는 요령

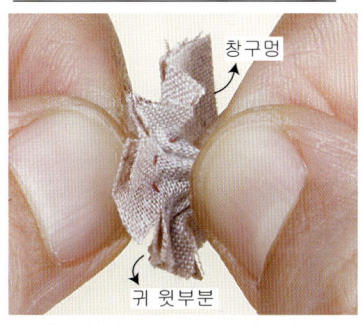

창구멍

귀 윗부분

창구멍 반대쪽을 양쪽으로 벌린다.

창구멍

젓가락으로 밀고 나온다.

5.앞면 아플리케하기

① 귀를 시침하고 양쪽 팔을 아플리케한다.

② 옷을 아플리케한다.

③ 얼굴을 아플리케한다. 아플리케 아래의 바탕천은 겉천이 잘리지 않도록 조심스럽게 오려낸다.

아플리케 아래 바탕천을 오려낸 모습

안쪽

6,본체 만들기

① 밑면을 연결하고 시접은
밑면쪽으로 모은다.
=> Top완성

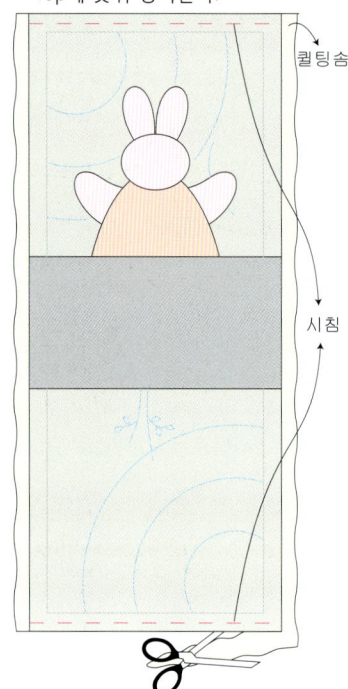

② 퀼팅솜 위에 Top을 얹고 위아래
끝쯤을 시침한 후 위아래 퀼팅솜만
Top에 맞춰 정리한다.

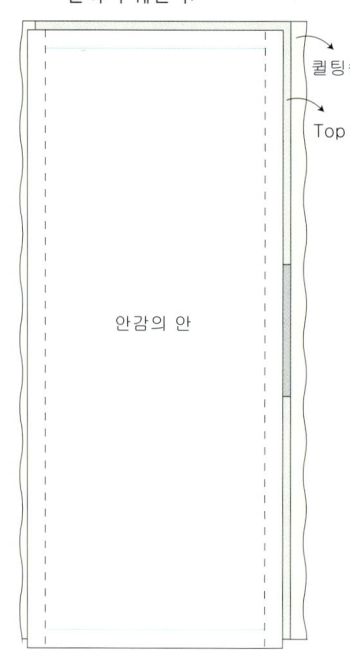

퀼팅솜

시침

③ 그위에 안감의 안이 보이게
올려놓고 양옆을 끝에서
끝까지 꿰맨다.

퀼팅솜

Top

안감의 안

④ 퀼팅솜이 보이게 놓고
꿰맨 곳 가까이 퀼팅솜을
정리한다

퀼팅솜

⑤ 겉으로 뒤집어 입구부분을 잘맞춰 시침한 후
나머지를 시침하고 퀼팅한다.

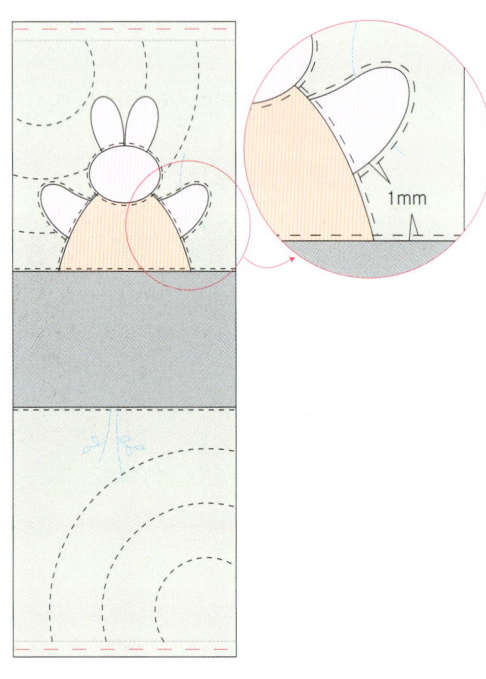

1mm

⑥ 수실 2겹으로 수를 놓는다.

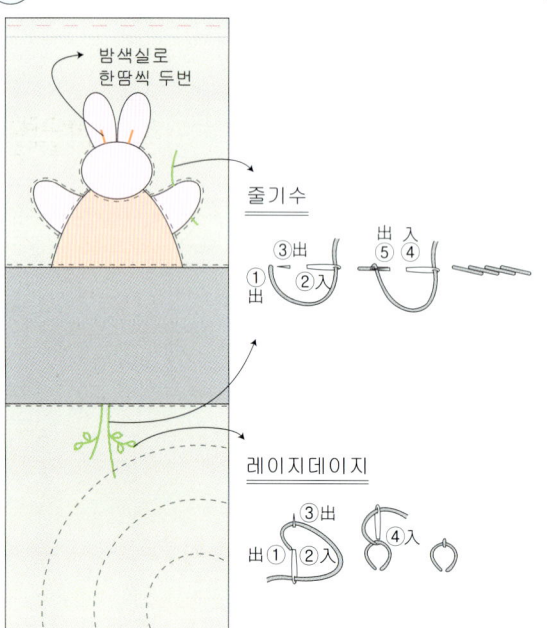

밤색실로
한땀씩 두번

줄기수

레이지데이지

⑦ 눈과 단추들을 적당한
위치에 꿰맨다.

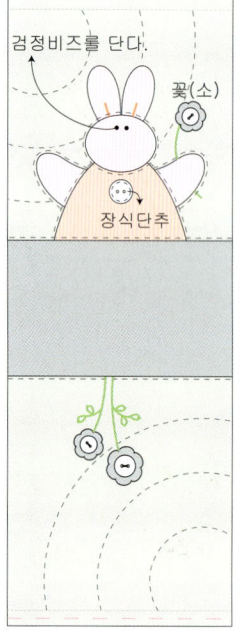

검정비즈를 단다.

꽃(소)

장식단추

⑧ 겉끼리 마주보게 반을
접은 후 앞면의 겉과
뒷면의 겉을 퀼팅실
2겹으로 공그르기한다.

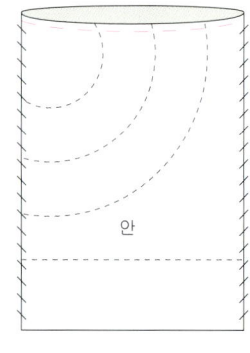

안

⑨ 겉으로
뒤집는다.

앞면모습

뒷면모습

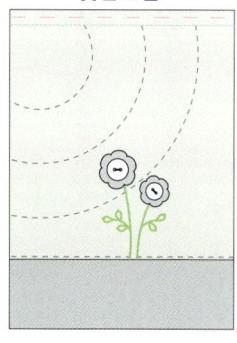

7.D링고리,끈,여밈장식 시침하기

D링고리는 오른쪽 옆에,
끈은 왼쪽 옆에 시침하고
여밈장식은 뒷면중앙에 시침한다.

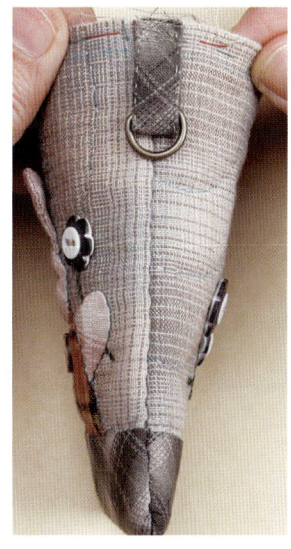

8.입구 바인딩 처리하기

참고:푸서방향으로 천을 재단한 경우에는 약간 당겨서 탱탱하게 핀을 꽂은 후 바느질해야 예쁘게 마무리 된다 (식서방향은 사용금지)

① 바인딩천의 안쪽면에
0.7cm선을 그린다.

0.7cm
바인딩천의 안

② 뒷중앙에 0.7cm접고 핀을 꽂은 후
2cm남겨 두고 꿰매기 시작한다.

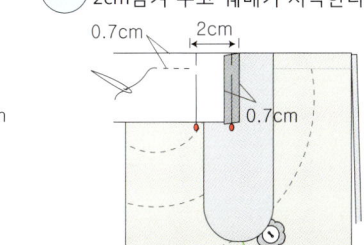

③ 끝에서도 시작처럼 2cm 남겨둔
곳까지만 꿰매고 시작부분과 맞춰
접은 후 0.7cm남기고 여유분은
자른다.

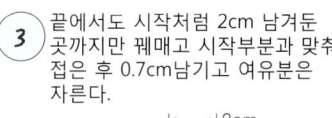

④ 처음 접은 부분과 끝에서
접은 부분을 들춰서 연결한다.

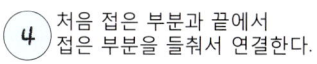

⑤ 시접을 가름솔로 넘긴 후
꿰매지 않은 나머지를 꿰맨다.

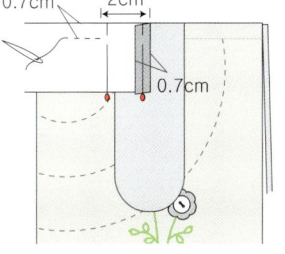

⑥ 뒤집어 안쪽에서
0.7cm씩 접어 넣어가며
공그르기한다.

안

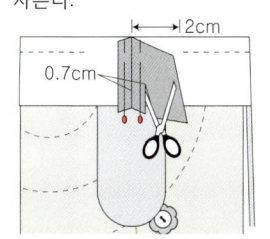

⑦ 끈과 고리는 위로 들춰 바인딩과 닿는 부분(빨간점선 표시부분)을
공그르기로 꿰매준다.

바인딩에
공그르기로
붙인다

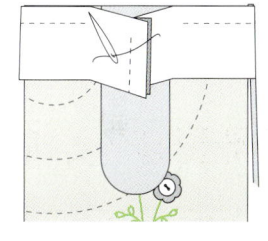
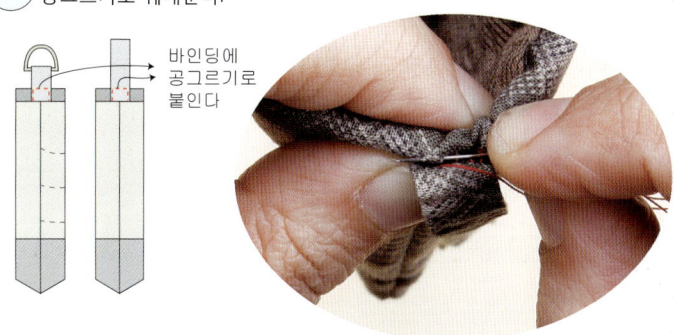

9.싸개단추와 싸개스냅을 꿰매면 완성

여밈장식의 겉면에는 싸개단추(싸개단추 만드는 방법 참조)를 공그르기하고
본체 앞면과 여밈장식의 안쪽에는 싸개스냅단추를 공그르기한다.

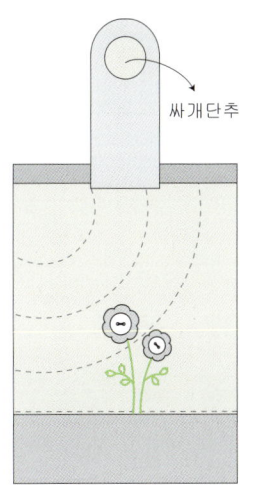

싸개단추

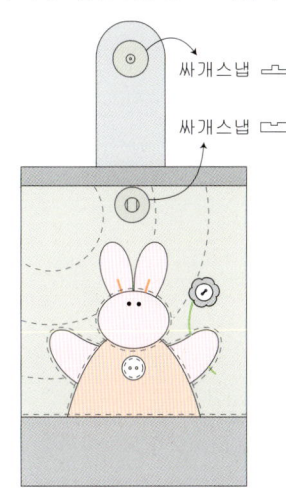

싸개스냅 ⌒부분
싸개스냅 ⌒부분

싸개단추 만드는 방법

a.싸개프라스틱을 놓고
그린 후 시접을
남겨두고 자른다.

싸개프라스틱
0.7cm

b.주위를 홈질한 후
싸개프라스틱의 오목한
부분이 보이게 올려놓는다.

오목한 부분
0.3~0.5cm

c.잡아당겨 마무리한다.

21

귀염토끼 보조가방

♥ **필요한 재료**
바탕체크,짙은체크,안감 각 1/3마씩‥토끼용 조각천 2종‥수실 2종
꽃단추 2종 2개씩‥눈(3mm) 2개‥나무단추(13mm)‥싸개프라스틱(1.5cm) 4개‥퀼팅솜 5온스

♥ **완성크기**
가로 27cm x 높이 29cm (끈 길이 제외)   실물본 D면

1. 재단하기

① **바탕체크 (겉면에 그린다)**
앞면,뒷면 각 1장씩:앞면 실물본 (시접 0.7cm따로)   싸개단추용 4장:싸개프라스틱 (시접 0.7cm따로)
아플리케위치,수놓을 도안,퀼팅선을 그린다.
퀼팅선은 퀼팅용 실물본을 만든 후 적당한 위치에 올려놓고 그린다.

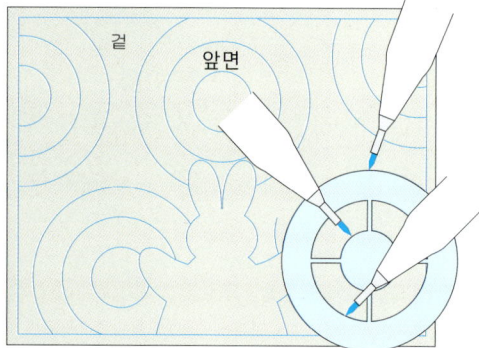

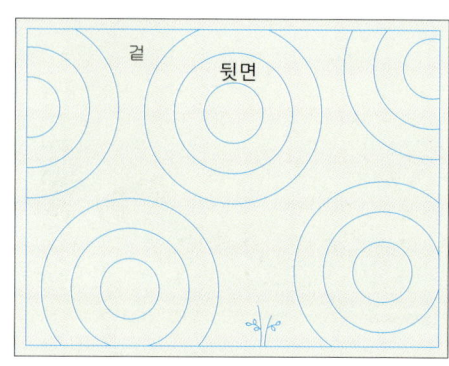

② **안감 (안쪽에 그린다)**
28x58cm (시접 0.7cm따로)

③ **짙은 체크 (안쪽에 그린다)**
밑면 1장:28x16cm (시접 0.7cm따로)
손잡이 4장:실물본 (시접 0.7cm따로)
바인딩용:3.5x57cm (시접포함)

④ **조각천 (시접 0.5cm따로)**
토끼옷:실물본
아플리케하기 위해 천의 겉면에 그린다.
토끼몸:실물본
귀 4장:천의 안쪽에 그린다.
얼굴과 팔 :아플리케하기 위해 천 겉면에 그린다.

2. 싸개단추 만들기

① 싸개프라스틱을 놓고 그린 후 시접을 두고 자른다.
싸개프라스틱
0.7cm

② 주위를 홈질한다.
0.3~0.5cm

③ 싸개프라스틱의 오목한 부분이 보이게 올려놓는다.
오목한 부분

④ 잡아당겨 마무리한다.
=> 4개 만든다

3. 손잡이 만들기

① 퀼팅솜 위에 겉끼리 마주보게 두장을 포갠 후 가운데 6cm를 창구멍으로 남기고 꿰맨다.

② 꿰맨곳 가까이 퀼팅솜을 바짝 자르고 곡선부분에 가윗집을 준다.

③ 창구멍 부분 천은 완성선을 꺾어 손자국을 내주면 뒤집어 모양 잡을 때 편하다.

④ 끝부분을 양쪽으로 벌린 후 나무젓가락을 대고 속으로 밀어 넣는다.

⑤ 창구멍으로 끝이 나오면 손으로 잡아당겨 모양을 빼낸다.

⑥ 창구멍 시접을 접어넣고 공그르기한다.

7mm

⑦ 끝에서 7mm 안쪽을 퀼팅한 후 양끝에 싸개단추를 공그르기한다.
=> 2개 만든다.

참고: 겸자나 핀셋을 이용해 뒤집을 때는 창구멍에서 먼 쪽을 물고 나온다

4.본체 만들기 (핸폰가방 설명 참조)

① 핸폰과 같은 방법으로 아플리케를 한 후 밑면을 연결한다. 밑면에는 중앙선을 그린 후 4cm간격의 퀼팅선을 그린다=> Top 완성

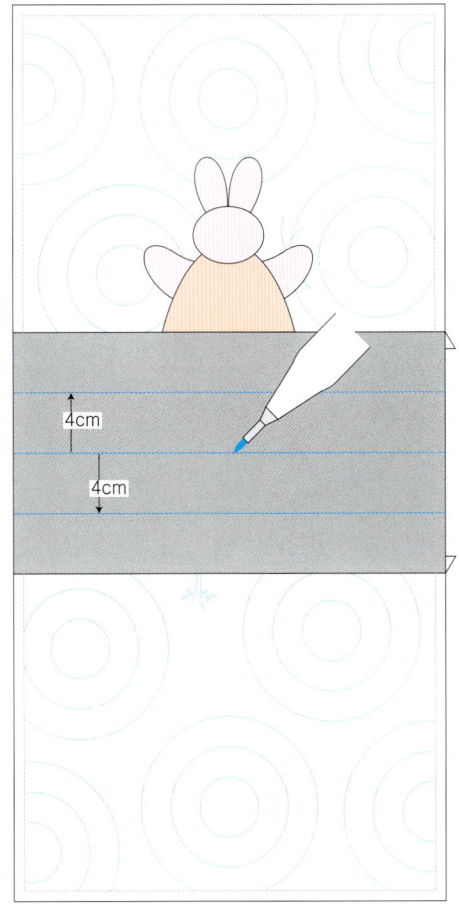

4cm
4cm

② ~ ⑨ 핸폰 가방의 6.본체 만들기 설명과 같은 방법으로 진행하여 본체를 완성한다.

앞면모습   뒷면모습

⑩ 입구를 뒷중앙에서 시작하여 바인딩 처리한 후 손잡이 꿰맬 위치를 표시한다. 중앙선과 바인딩에서 4cm 내려온 선을 긋고 좌우로 각 4cm,3cm띄운 선들을 그린다.

3cm 4cm 4cm 3cm
4cm

앞면모습   뒷면모습

5.손잡이 달기

손잡이의 중앙끝을 가장 바깥에 표시해둔 선에 맞춰 약간 어슷하게 놓고 빨간색으로 표시한 곳을 공그르기하여 손잡이를 단다.

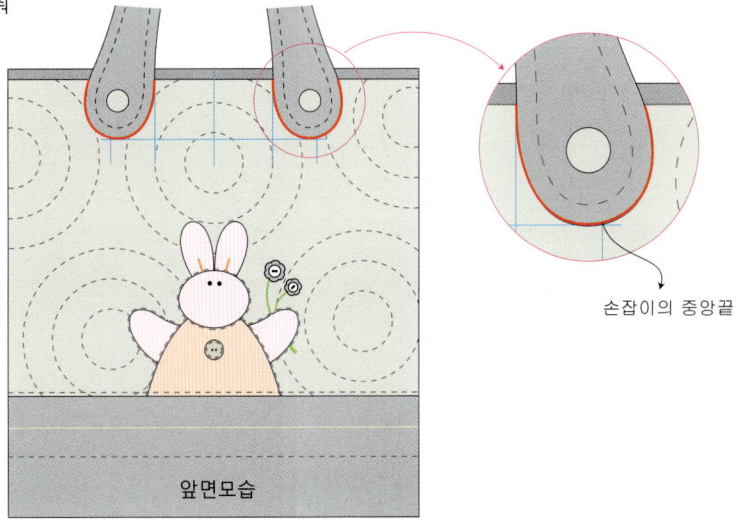

손잡이의 중앙끝

앞면모습

22

머스트 해브백

하나쯤은 꼭 있어야 하는 실용적인 백입니다.
프라스틱바닥을 넣었다 뺐다 할 수 있는 바닥포켓도
이 가방이 더욱 실용적인 가방이 되게 합니다.
또한 좀더 쉽게 만들 수 있도록 기존의 방법과는
다른 방법을 소개합니다.

뒷면포켓은 핸드폰이나
간단한 것들을 보관하기 위해
칸만 나눴습니다.

입구 부분에 얇은 퀼팅솜을 사용하여
투박하지않고 수납에 따라
자연스런 실루엣을 유지합니다.

옆면에 사용된 D링고리는
지퍼를 여닫을 때 사용하거나
크로스핸들을 걸 때 사용합니다.
포인트 장식을 매달아도 예쁘답니다.

♥ **필요한 재료**
바탕체크 1/2마 ‥ 포켓바탕 1/4마 ‥ 안감 2/3마 ‥ 무지 1/4마 ‥ 아플리케용 5종 ‥ 파이핑코드 3마
싸개프라스틱(2cm) 2개 ‥ 귀자석 ‥ D링(외경 2.5cm) 2개 ‥ 지퍼 35cm ‥ 프라스틱바닥 26.5x10.5cm
퀼팅솜 5온스 ‥ 퀼팅솜 접착2온스(지퍼연결부분과 포켓뚜껑용) ‥ 핸들(Hobby & Land 4473)

♥ **완성크기**
가로 30cm x 높이 19.5cm x 밑폭 12.5cm (끈 길이 제외) 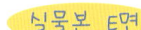 실물본 E면

1, 재단하기

① 바탕체크 (포켓뚜껑만 안쪽에 그리고 나머지는 겉면에 그린다)

본체 2장:실물본 (시접 0.7cm따로)
중앙선과 포켓선을 표시한다.
중앙에서부터 2.5~3cm간격의 퀼팅선을 그린다.
(샘플은 체크무늬를 따라 2.5cm간격으로 퀼팅함)

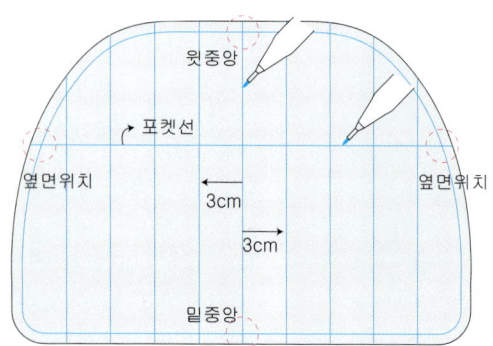

옆아래 1장:실물본 (시접 0.7cm따로)
곬(밑중앙)을 중심으로 대칭으로 그린다. 중앙과 중앙에서 3cm띄운 퀼팅선을 그린다.

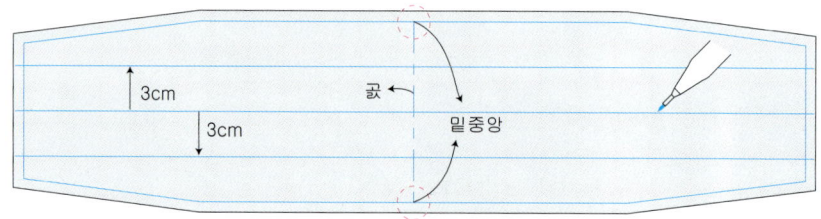

포켓뚜껑 2장: 실물본 사용. 한 장에는 창구멍위치 표시 (시접 0.7cm따로)
참고:샘플에서는 체크무늬가 사선으로 보이도록 정바이어스 방향으로 재단함

지퍼연결부분 2장:4x35cm (시접 0.7cm따로)

D링고리용 2장:4x7cm (시접포함)

② 사각줄무늬(겉면에 그린다)

포켓 2장:실물본 (시접 0.7cm따로)
중앙선을 그린 후 3cm 간격의 사선을 그린다.
앞면이 될 것에는 아플리케 위치도 그린다.

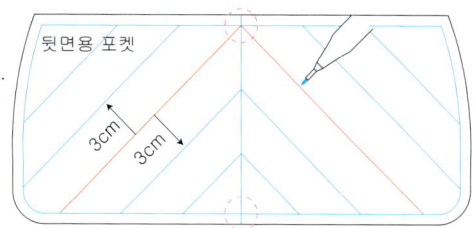

뒷면용 포켓   앞면용 포켓

③ 안감(안쪽면에 그린다) (모두 시접 0.7cm따로)

본체 2장:실물본 ┐ 윗중앙과 밑중앙을 표시
포켓 2장:실물본 ┘

옆아래 1장:실물본
곬(밑중앙)을 중심으로 대칭으로 그린다.

지퍼연결부분 2장: 4x35cm

바닥포켓용: 27x22cm

핸들꿰맬곳 정리용 안감: 핸들

④ 아플리케용(겉면에 그린다)

줄기:정바이어스 2x19cm (시접포함)
잎사귀 5장:실물본 (시접 0.5cm따로)
꽃잎 2종 총5장:실물본 (시접 0.5cm따로)
꽃중심:싸개프라스틱 (시접 0.7cm따로)

⑤ 무지(정바이어스 방향으로 그린다)

본체 파이핑용 2장:2.5x92cm (시접포함)
포켓 파이핑용 2장:2.5x30cm (시접포함)
포켓뚜껑용 싸개단추:싸개프라스틱 (시접 0.7cm따로)

2, 싸개단추(꽃중심과 포켓뚜껑용) 만들기

① 싸개프라스틱을 놓고 그린 후 시접을 남겨두고 자른다.
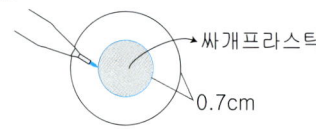
싸개프라스틱
0.7cm

② 주위를 홈질한다.
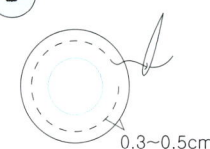
0.3~0.5cm

③ 싸개프라스틱의 오목한 부분이 보이게 올려놓는다.
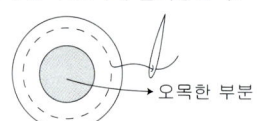
오목한 부분

④ 잡아당겨 마무리한다.

3, 포켓뚜껑 만들기

① 퀼팅솜(접착2온스) →겉→안감 순으로 포갠 후 창구멍을 남기고 꿰맨다.
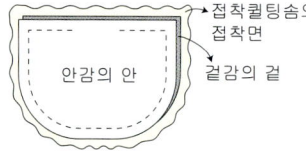
접착퀼팅솜의 접착면
안감의 안
겉감의 겉

② 퀼팅솜이 보이도록 놓고 퀼팅솜을 꿰맨곳 가까이 자른다.

퀼팅솜

③ 코너와 곡선에 가윗집을 준다.
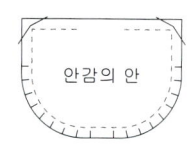
안감의 안

④ 겉으로 뒤집어 창구멍은 공그르기한 후 접착솜이 천에 붙도록 다림질한다.
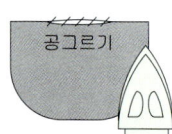
공그르기

⑤ 끝에서 0.8cm 안쪽을 퀼팅한다.
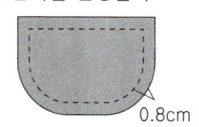
0.8cm

⑥ 겉면에는 싸개단추를 공그르기하고 안쪽에는 자석(⌒)을 꿰맨다.

포켓뚜껑 겉
1cm
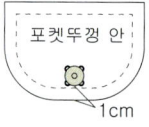
포켓뚜껑 안
1cm

4.포켓 만들기

1 꽃중심을 뺀 나머지를 아플리케한다. 아플리케가 끝난 후
아플리케 아래의 바탕천은 시접 0.7cm정도 남기고 오려낸다.
줄기부분은 중앙에 가윗집만 준다=> Top 완성

줄기용 천(19x2cm)은
시접을 접어 시침한 후
아플리케하면 편하다

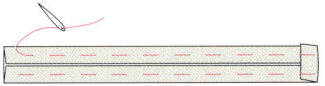

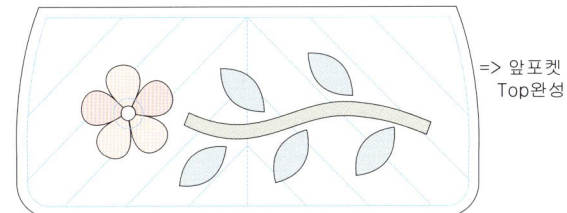

=> 앞포켓
Top완성

2 퀼팅솜 위에 Top을 올려놓고 윗부분에 파이핑을 시침한다.

파이핑 코드를 정바이어스로 싸서 시침한 후 사용

2.5cm

30cm

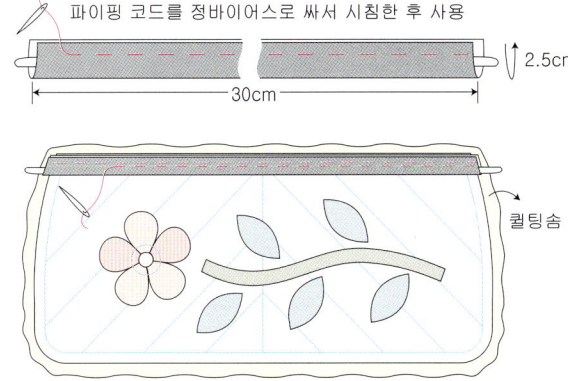

퀼팅솜

3 그위에 안감의 안이 보이게 포갠 후 아랫부분에
창구멍으로 8cm가량 남겨두고 꿰맨다.

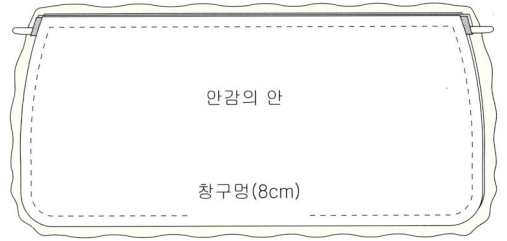

안감의 안

창구멍(8cm)

4 퀼팅솜이 보이게 놓고 꿰맨곳 가까이 퀼팅솜을 자른다.
창구멍 퀼팅솜은 완성선 가까이 자른다.

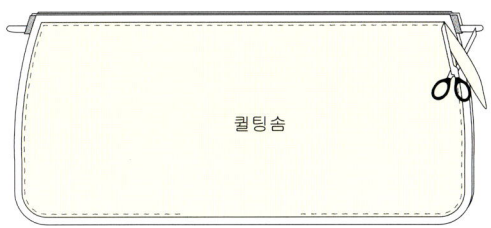

퀼팅솜

5 안감이 보이도록 놓고 파이핑 여유분은 천에 맞춰 자르고
둥근코너에는 가윗집을 준다.

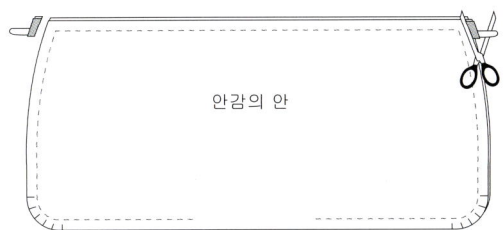

안감의 안

6 겉으로 뒤집어 창구멍은 공그르기한 후
그려놓은 선과 아플리케 주위를 따라가며 퀼팅한다.

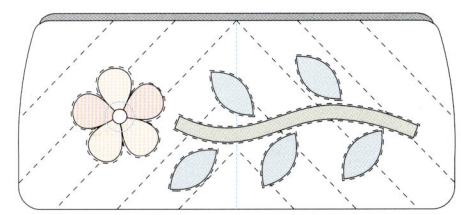

7 자석(⌣)을 파이핑에서 0.5cm 내려온 위치에 꿰매고
꽃중심에는 싸개단추를 공그르기한다.

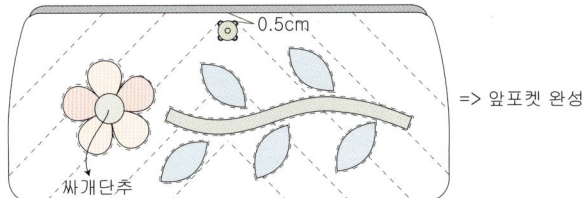

0.5cm

싸개단추

=> 앞포켓 완성

8 비슷한 방법으로 뒷포켓을 만든다.
뒷포켓은 아플리케하지 않고 퀼팅만 한다.

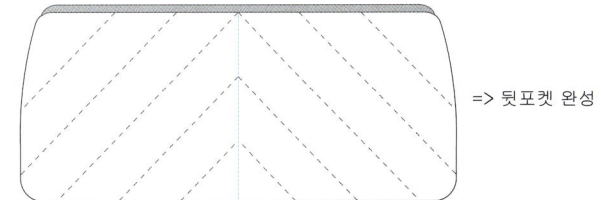

=> 뒷포켓 완성

5.본체 만들기

1 퀼팅솜 위에 겉감 겉이 보이게 놓고 둘레에 파이핑을 시침한다.
(다음장의 파이핑 깔끔하게 마무리하는 방법 참조)

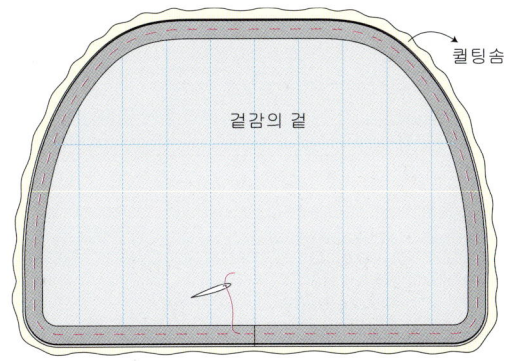

퀼팅솜

겉감의 겉

2 그위에 안감의 안이 보이도록 올려놓는다.
아래에 8cm정도의 창구멍을 남기고 꿰맨다.

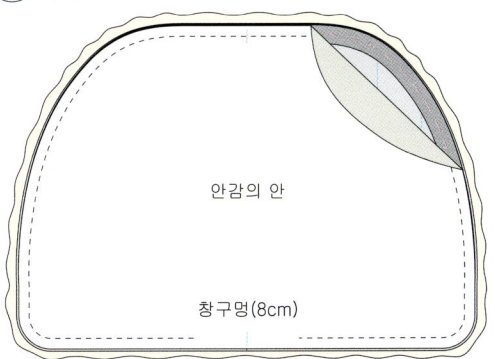

안감의 안

창구멍(8cm)

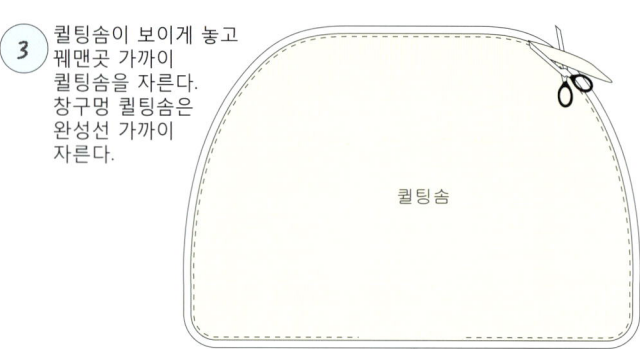

③ 퀼팅솜이 보이게 놓고
꿰맨곳 가까이
퀼팅솜을 자른다.
창구멍 퀼팅솜은
완성선 가까이
자른다.

퀼팅솜

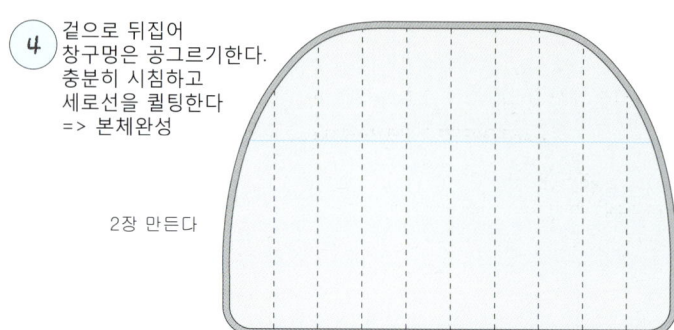

④ 겉으로 뒤집어
창구멍은 공그르기한다.
충분히 시침하고
세로선을 퀼팅한다
=> 본체완성

2장 만든다

파이핑 깔끔하게 마무리하는 방법

a.파이핑 코드(96cm)를 정바이어스(2.5x92cm)로
  싸가며 시침한다. 시작부분의 천을 0.7cm 접어 넣고
  시침은 4cm가량 남기놓고 시작한다.

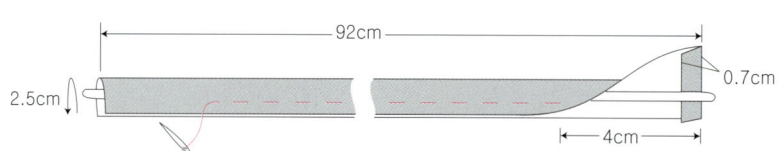

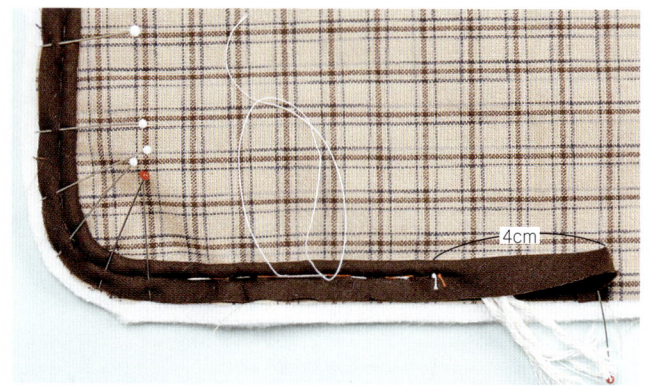

b.퀼팅솜위에 겉감의 겉이 보이도록 올려놓고 파이핑을 밑중앙에서부터
  차례대로 핀을 꽂는다. 4cm가량 남겨두고 시침을 시작한다.

c.주위를 한바퀴 돌아 처음 시작부분에서 4cm 남겨둔 곳까지만 시침한
  후 0.7cm 겹치게 놓고 나머지 여유분 천만 자른다.

d.코드를 3~4묶음으로 분리한 후 양쪽에서 한묶음씩 잡아 겹쳐놓고
  실로 묶어 고정한 후 3mm씩 여유분을 남기고 정리한다.

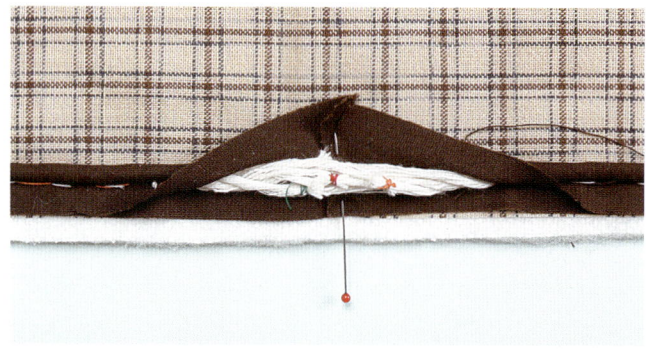

e.같은 방법으로 나머지 코드도 정리한다.
  연결부분이 서로 겹치지 않도록 해야 투박해지지 않는다.

f.연결된 코드를 몇번 돌려서 꼬아준다.

g.시침하지 않았던 나머지를 마저 시침한다.

6. 뒷면 완성하기

① 그림처럼 본체 파이핑의 안쪽에 뒷포켓을 맞춰 올려놓는다. 윗부분은 포켓의 파이핑 안쪽과 본체의 포켓선을 맞춘다.

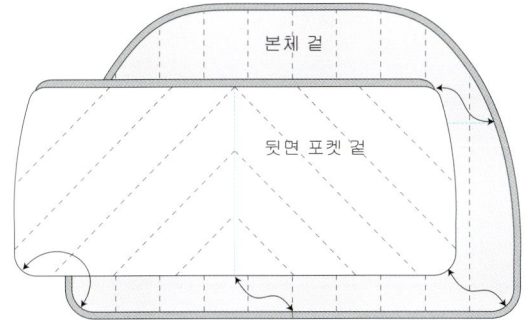

② 빨간색 실선으로 표시된 부분을 공그르기한 후 중앙을 반박음하여 포켓칸을 나눈다.(본체에 포켓 공그르기하는 방법 참조)

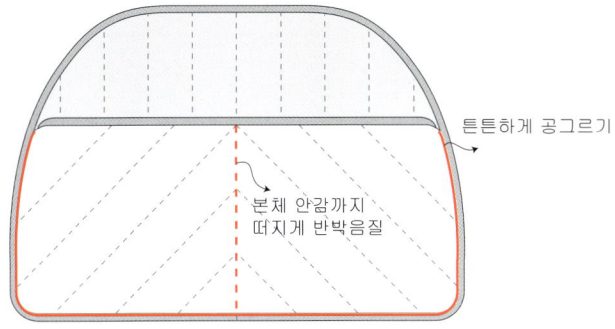

틀튼하게 공그르기

본체 안감까지 떠지게 반박음질

③ 핸들을 꿰매고 안감쪽에 보이는 땀은 안감으로 아플리케하여 깔끔하게 정리한다.

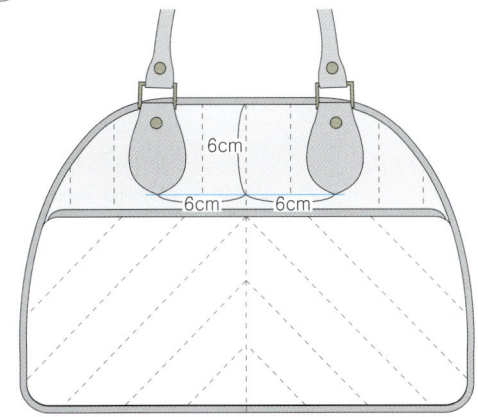

7. 앞면 완성하기

① 본체의 포켓선에 포켓뚜껑의 1cm 위치를 맞춘 후 안감까지 떠지게 반박음질하여 포켓을 단다.

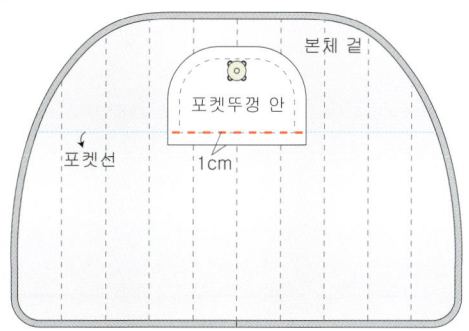

② 빨간색 실선으로 표시된 부분을 공그르기한다. (본체에 포켓 공그르기하는 방법 참조)

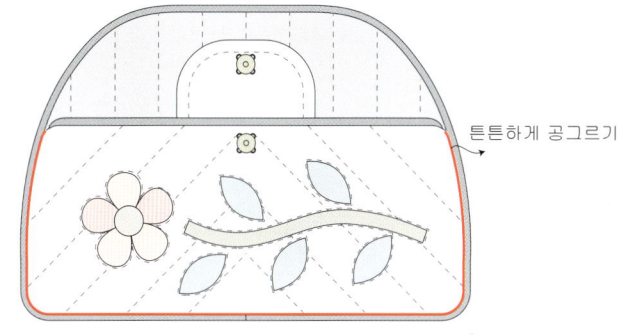

틀튼하게 공그르기

③ 뒷면과 같은 위치에 핸들을 꿰매고 안감쪽에 보이는 땀은 안감으로 아플리케하여 깔끔하게 정리한다.

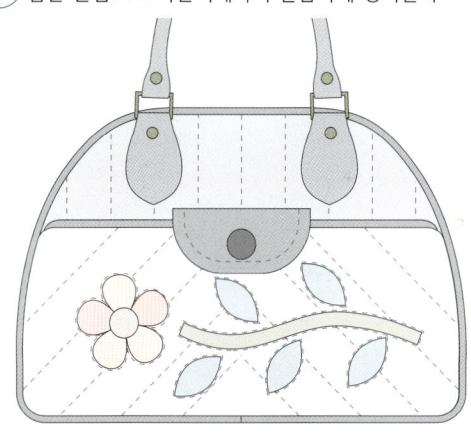

본체에 포켓 공그르기 하는 방법

포켓의 겉면 끝과 본체의 겉면 끝을 퀼팅실 2겹으로 공그르기한다.

핸들 안쪽 바늘땀 정리하는 방법

핸들을 이용해 안감을 재단한 후 아플리케하여 바늘땀을 가린다.

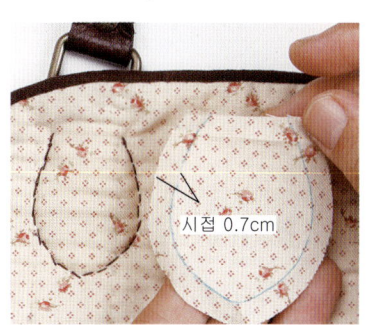

8.D링고리 만들기

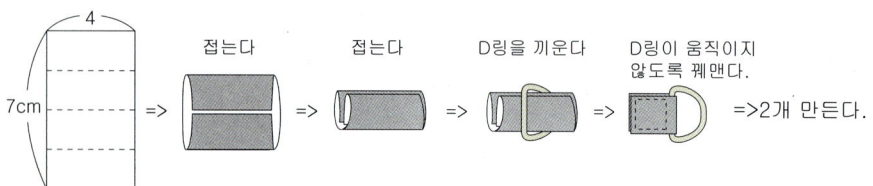

4
7cm
접는다 => 접는다 => D링을 끼운다 => D링이 움직이지 않도록 꿰맨다. =>2개 만든다.

9.바닥용 포켓 만들기

① 겉끼리 마주보게 반을 접는다.

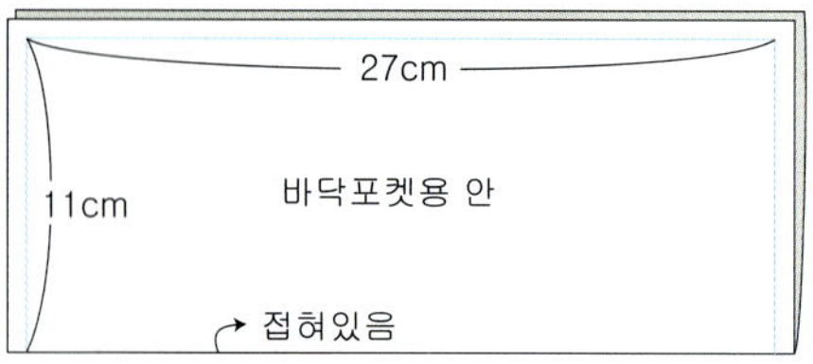

27cm
11cm
바닥포켓용 안
→ 접혀있음

② 윗부분에 창구멍으로 6cm가량 남기고 꿰맨 후 코너에 가윗집을 준다.

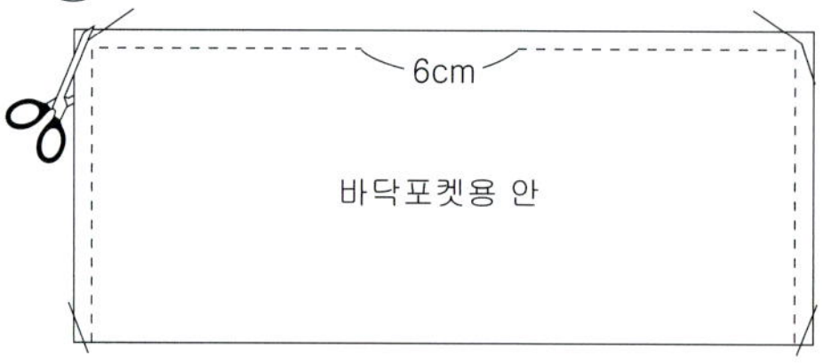

6cm
바닥포켓용 안

③ 겉으로 뒤집어 창구멍은 공그르기한다.

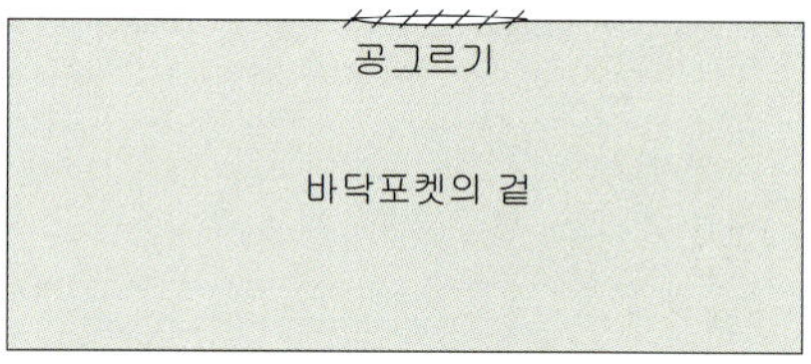

공그르기
바닥포켓의 겉

10.옆아래 만들기

① 퀼팅솜 위에 겉감의 겉이 보이도록 놓고 양끝 중앙에 D링고리를 시침한다.

겉감의 겉
퀼팅솜
시침
시침

② 그위에 안감의 안이 보이게 포갠 후 8cm가량을 창구멍으로 남기고 꿰맨다.

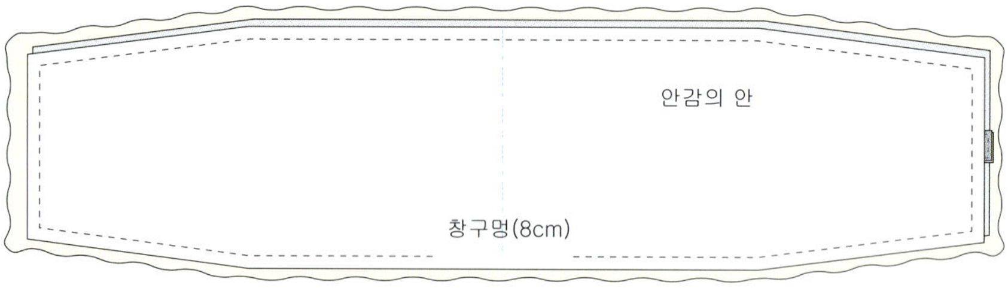

안감의 안
창구멍(8cm)

③ 꿰맨 곳 가까이 퀼팅솜을 정리하고 창구멍 퀼팅솜은 완성선에 맞춰 자른다.코너는 가윗집을 준다.

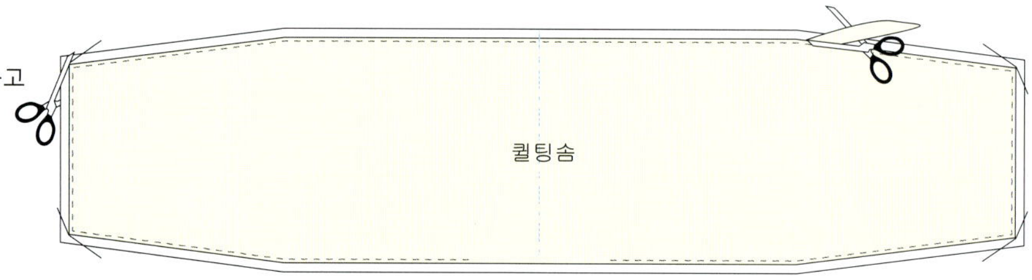

퀼팅솜

④ 겉으로 뒤집어 창구멍은 공그르기한 후 충분히 시침을 하고 그려놓은 선따라 퀼팅한다.

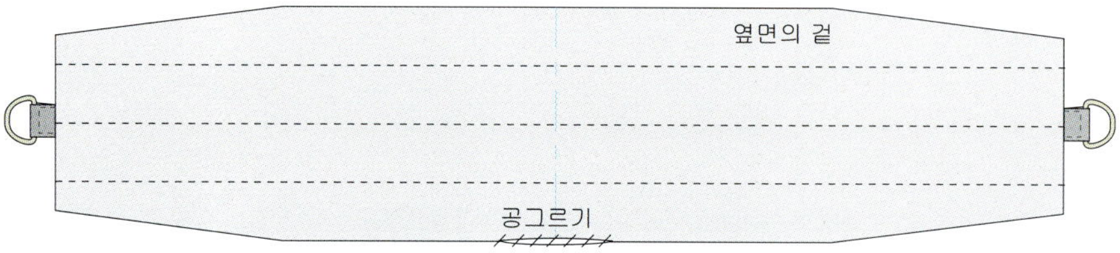

옆면의 겉
공그르기

⑤ 안감쪽 중앙에 바닥용 포켓을 올려놓고 빨간색 표시부분을 공그르기한다.
=> 옆아래 완성

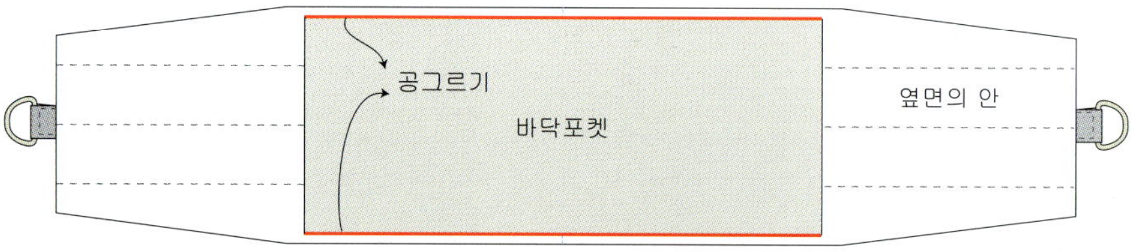

공그르기
바닥포켓
옆면의 안

11,지퍼 연결부분 만들기

① 퀼팅솜(접착2온스) → 겉감 → 안감 순으로 포갠 후 창구멍을 5cm 가량 남기고 꿰맨다

접착퀼팅솜의 접착면
창구멍(5cm)　　안감의 안

② 퀼팅솜을 꿰맨 곳 가까이 자르고 코너에는 가윗집을 준다.

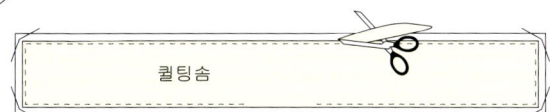

퀼팅솜

③ 겉으로 뒤집어 창구멍은 공그르기한 후 접착솜이 천에 붙도록 다림질한다 => 2개 만든다.

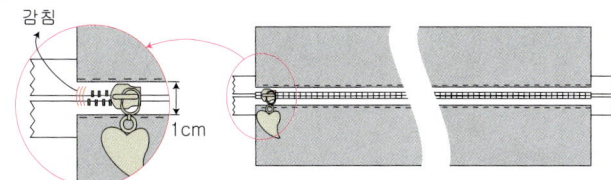

공그르기　　겉

④ 지퍼부분이 1cm가량 보이도록 맞춰 핀을 꽂고 천 끝쯤을 반박음질로 꿰맨다. 지퍼가 맞물려있지 않은 곳은 감침해서 맞물려 놓는다

감침
1cm

12,옆면 완성하기

① 옆아래와 지퍼연결부분의 끝과 끝을 잘 맞춰 옷핀으로 고정시킨다.

② 안쪽에서 옆아래의 안감과 지퍼연결부분의 안감을 공그르기한다.

③ 다시 겉쪽에서 겉감과 겉감을 공그르기한다. 같은 방법으로 맞은편도 공그르기하여 원통형이되게 옆면을 완성한다.

13,앞,뒷면에 옆면 연결하기

① 뒷면과 옆면의 밑중앙,윗중앙,옆면위치(빨간점선 표시부분)를 각각 맞춘 후 사이사이를 맞춰 핀을 꽂는다.퀼팅실 2겹으로 본체의 안감끝과 옆면의 겉끝을 공그르기한다.

② 같은 방법으로 앞면과 옆면도 공그르기하여 연결한다.

14,프라스틱바닥 끼우기

안으로 뒤집어 바닥포켓에 프라스틱(26.5x10.5cm로 자른 후 코너를 둥글게 처리한 것)을 끼우면 완성

23

바스켓 플리츠백

싸개단추로 만든 통통한 꽃들이
예쁜 바구니에 가득합니다.
양쪽에 주름을 잡아
수납도 많이 되고
더욱 사랑스런 가방이 되었습니다.

바구니와 잘 어울리는 꽃송이 핸들은
꿰매기도 아주 쉽답니다.

뒷면은 앞면과 다르게 꾸며 변화를 주었답니다.

MyQuilt

이렇게 만들었어요~

♥ **필요한 재료**

바탕체크 1/4마‥입구용체크 1/4마‥아이보리체크 1/8마‥무지 1/8마‥안감 1/4마
조각천 10종‥수실 3종‥귀자석‥퀼팅솜 7온스‥프라스틱바닥 30x6.5cm
싸개프라스틱(여밈장식용:지름 2.7cm 2개,꽃:지름1.5cm 7개)‥핸들(Hobby & Land 1717)

♥ **완성크기**

가로 32cm x 높이 19 cm x 밑폭 7cm (끈 길이 제외)   실물본 D면

1, 재단하기

① 안감(안쪽면에 그린다)

몸통부분의 안감:전체 실물본 사용 (시접 0.7cm따로)
천의 안쪽에 그리고 주름위치와 중심을 표시한다.
창구멍으로 한쪽 옆에 9cm정도되게 표시한다

바닥싸개용: 32x15cm (시접포함)

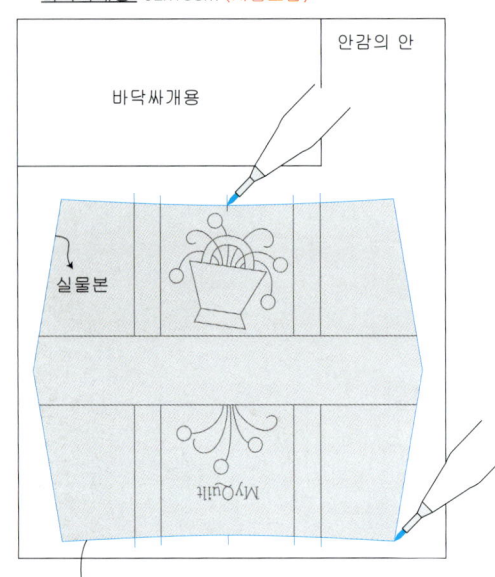

시접 0.7cm를 남겨두고 자른다

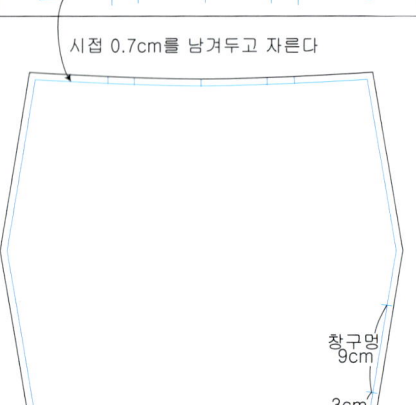

창구멍
9cm

3cm

② 바탕체크(안쪽면에 그린다) (시접 0.7cm따로)

실물본 A(오른쪽 옆),E(왼쪽 옆):각 2장씩
실물본 F(밑면):1장
여밈장식 실물본: 2장

③ 입구용 체크(안감 윗부분도 같은 것을 사용) (시접 0.7cm따로)

실물본 G:정바이어스 방향으로 4장(겉면용 2장,안쪽용 2장)

겉면용은 천의 겉면에 각 위치를 표시한 후 재단하고 표시한 곳을 이어주는 퀼팅선을 그린다.
안감용은 천의 안쪽에 그리고 중앙위치만 표시한다.

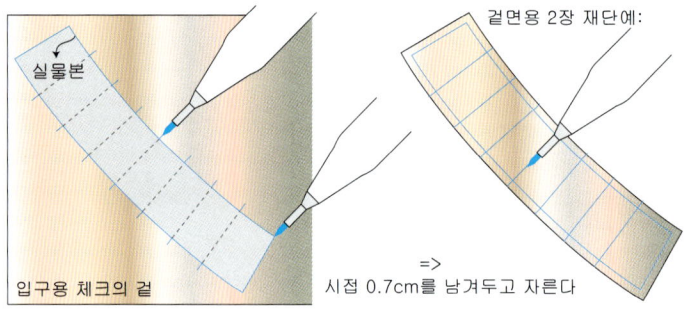

겉면용 2장 재단예:

=> 시접 0.7cm를 남겨두고 자른다

④ 아이보리체크(겉면에 그린다)

실물본 C:2장 (시접 0.7cm따로)
도안과 중심위치를 그려놓는다.

⑤ 무지(안쪽면에 그린다)

실물본 B,D:각 2장씩 (시접 0.7cm따로)
여밈장식용 싸개단추 2장:싸개프라스틱을 이용해 그린다 (시접 1cm따로)

⑥ 조각천

꽃 7종: 싸개프라스틱을 이용해 그린다 (시접 0.7cm따로)
바구니 2종:실물본 2,3을 이용해 천 겉면에 그린다 (시접 0.5cm따로)
바구니 손잡이:실물본을 사용하지 않고 10x2cm(정바이어스 방향)로 자른다 (시접포함)

2, 싸개단추 만들기

① 싸개프라스틱을 놓고 그린 후
시접을 남겨두고 자른다.

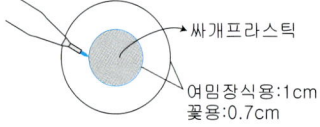

싸개프라스틱
여밈장식용:1cm
꽃용:0.7cm

② 주위를 홈질한 후 싸개프라스틱의
오목한 부분이 보이게 올려놓는다.

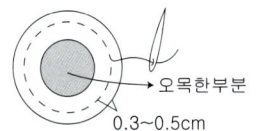

오목한부분
0.3~0.5cm

③ 잡아당겨
마무리한다.

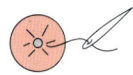

3, 여밈장식 만들기

① 창구멍을 위해 그림처럼
반을 접고 가윗집을 준다.

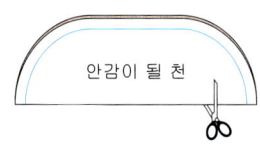

안감이 될 천

② 퀼팅솜→겉→안감순으로
포갠 후 모두 꿰맨다.

퀼팅솜
겉감의 겉
안감의 안

③ 퀼팅솜이 보이도록 놓고
퀼팅솜을 꿰맨 곳 가까이
자른다.

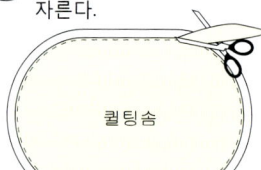

퀼팅솜

④ 가윗집을 준 후
겉으로 뒤집는다.

안감의 안

⑤ 창구멍은 대충 감침질로 막고
끝에서 1cm 안쪽을 퀼팅한다.

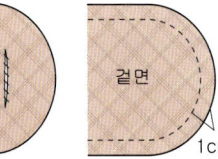

안쪽   겉면
1cm

⑥ 끝에서 2cm 띄운 곳에
싸개단추를 공그리기한다.

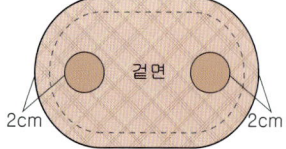

겉면
2cm   2cm

4.겉면 입구부분 만들기

① 퀼팅솜만 대고 끝에서 3mm 안쪽을 시침한 후 그려놓은 선따라 퀼팅한다.

시침 →

← 퀼팅솜

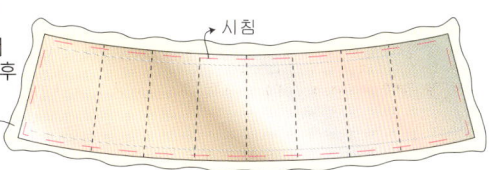

② 퀼팅솜을 겉천에 맞춰 정리한다.

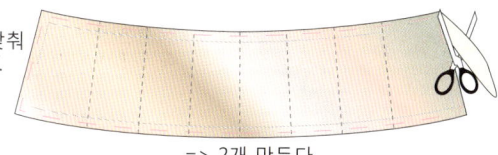

=> 2개 만든다.

5.겉면 몸통부분 만들기

① 번호순으로 빨간색 표시부분을 꿰매 아플리케한다.(손잡이 하는 방법은 아래 설명을 참조)
아플리케가 끝난 후 아플리케 아래 바탕천은 시접 0.7cm가량 남기고 조심스럽게 오려낸다. 손잡이 부분과 바스켓 아래는 중앙에 가위집만 준다.

a.정바이어스 방향으로 재단한 손잡이용 천의 위,아래를 접어 시침한다.
(손잡이용천 : 10x2cm 시접포함)

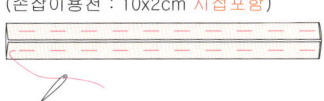

b.시침해둔 천을 약간 당겨가며 핀을 꽂은 후 빨간색 표시부분을 아플리케한다.

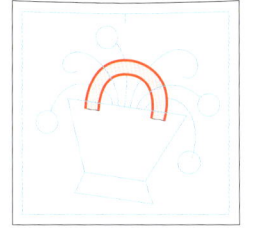

=>

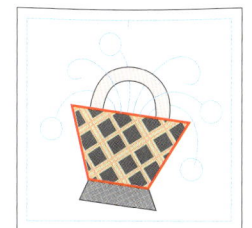

② 아래처럼 연결하여 Top을 만든다.
굵은 선 부분이 꿰매는 곳으로 표시부분을 끝에서 끝까지 꿰맨다.

a.단을 만든다. 시접은 화살표 방향으로 넘긴다.

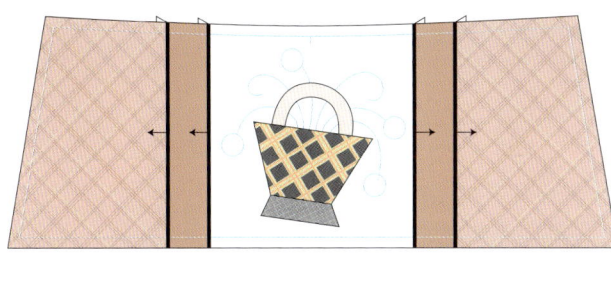

MyQuilt

b.밑면을 연결하고 시접은 밑면쪽으로 넘긴다.양옆에는 퀼팅선을 그린다. 무지천으로부터 각각 위는 3.5cm 아래는 4.5cm를 띄운 위치를 표시한 후 이어준다.

3.5cm

4.5cm

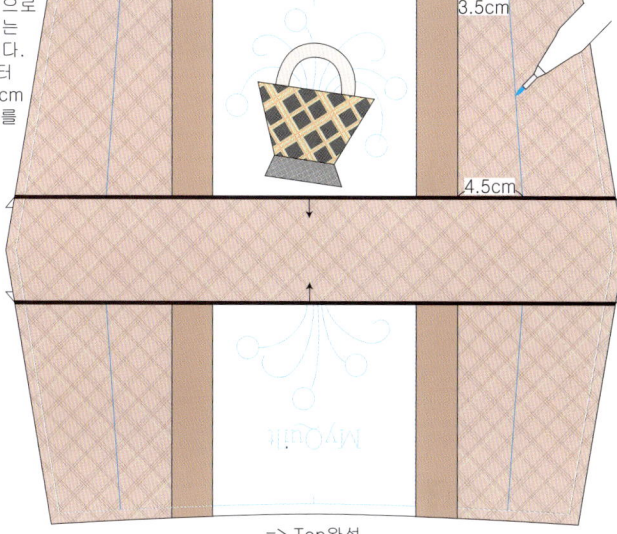

=> Top완성

③ 퀼팅솜만 대고 시침한 후 실물본을 참조하여 퀼팅한다. 퀼팅이 끝난 후 수실 2겹으로 수를 놓고 싸개단추를 만들어 공그르기한다.

퀼팅솜

줄기수:
③出
①出 ②入

出 入
⑤ ④

MyQuilt

매듭수:

박음수: 出①②入
③出
④入
⑤出

出①②入

④ Top 끝에서 3mm 안쪽을 시침한 후 Top에 맞춰 퀼팅솜을 정리한다.무지부분을 겹쳐(시접은 베이지체크로 향하게) 놓고 끝에서 1.5cm까지 감침하여 주름을 잡는다=> 겉면 몸통완성

1.5cm

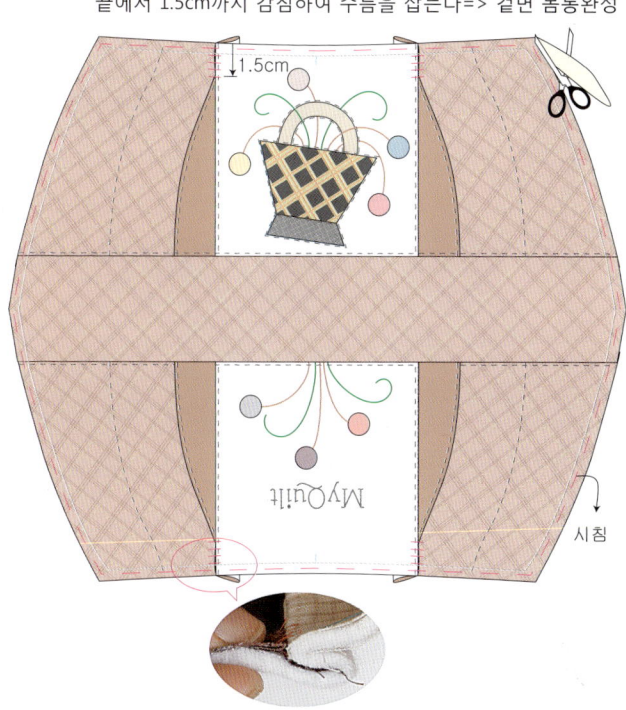

시침

6.본체 겉면 완성하기

1 주름잡아 놓은 몸통의 위,아래에 입구부분을 연결한다.
(굵은 선으로 표시된 부분)

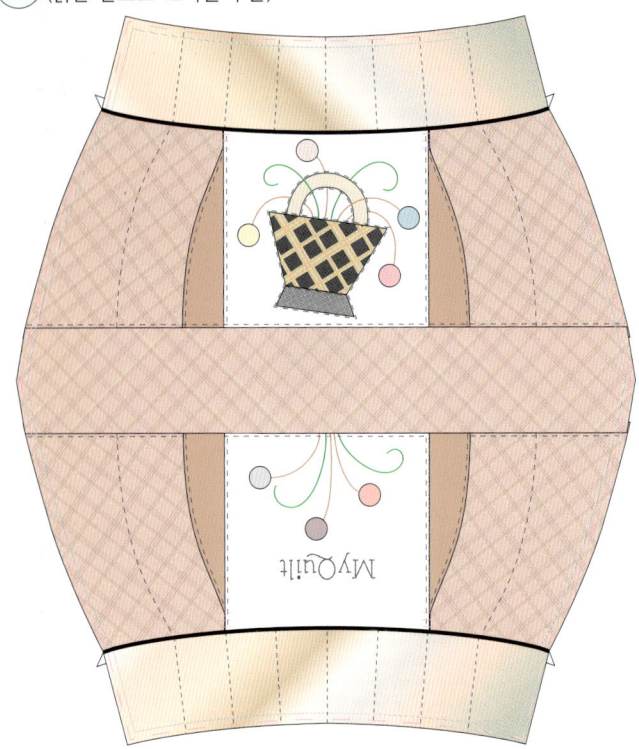

2 시접은 입구부분쪽으로 가도록 감침하여 정리한다.
겉쪽으로 땀이 보이지 않게 퀼팅솜까지만 감침한다.

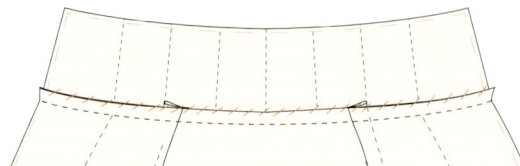

3 겉끼리 마주보게 반을 접은 후 양옆을 꿰맨다.

0.7cm

4 시접은 양쪽으로 가른 후 감침하여 정리한다.

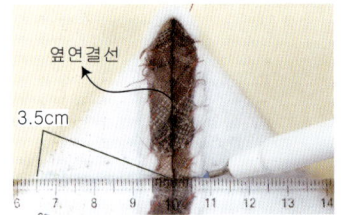

5 옆선과 밑중심을 맞추고 좌우 각 3.5cm씩 되게 선을 그린다.

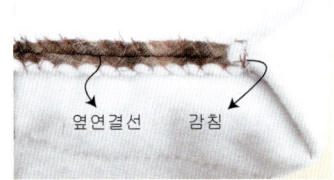

6 반박음질로 꿰맨 후 옆쪽으로 붙여 대충 감침해 고정시킨다.

7 겉으로 뒤집은 후 주름부분에 시침했던 실은 제거한다.
=> 본체 겉면 완성

7.안감 만들기

1 몸통용 안감의 주름부분을 접고 위,아래에 입구용 천을 꿰맨다.
시접은 입구부분쪽으로 넘긴 후 사진처럼 반을 접어 옆을 꿰맨다.
이때 한쪽 옆에 창구멍(9cm)을 남기고 꿰맨다.

창구멍

2 시접은 양쪽으로 가른 후 겉면과 같은 방법으로 밑폭을 꿰맨다

8,본체 완성하기

① 뒤집어 놓은 겉면을 뒤집지 않은 안감에 끼워 넣어 겉끼리 마주보는 상태가 되게 한다.

② 입구 끝을 잘맞춰 핀을 꽂는다. 양옆을 먼저 맞추고 중앙과 사이사이를 맞춰 핀 꽂는다.

③ 윗부분을 빙둘러 꿰맨다.

④ 안감에 남겨둔 창구멍으로 뒤집는다. 창구멍은 공그르기한 후 안감을 속으로 집어 넣는다

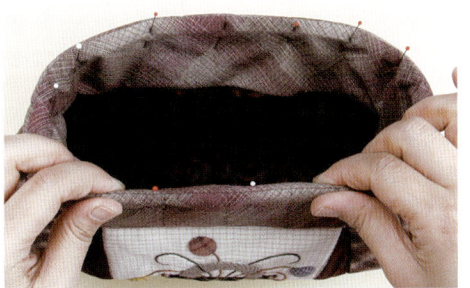

⑤ 입구 끝을 잘맞춰 핀을 꽂는다.

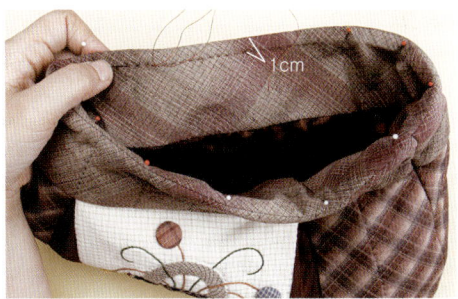

⑥ 1cm 띄운 위치를 안감쪽에서 퀼팅한다. 겉에 땀이 나오지 않도록 퀼팅솜까지만 뜬다.

9,여밈장식과 핸들 꿰매기

① 뒷면중앙에 여밈장식의 창구멍 있는 쪽을 올려놓고 핀을 꽂은 후 빨간색 선으로 표시된 부분을 공그르기한다.

② 자석은 각각 1cm 띄운 곳에 꿰매고 핸들은 입구부분의 2번째와 6번째 퀼팅선 중앙에 꿰맨다.

10,바닥싸개 만들기

① 바닥싸개용(32x15cm:시접포함) 안감을 길게 반을 접고 한쪽옆과 아래에 1cm선을 그린 후 꿰맨다.

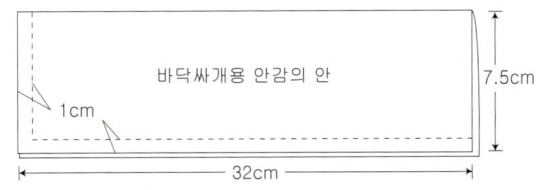

② 겉으로 뒤집어 바닥용 프라스틱(코너는 둥글게 정리)을 집어넣는다. 입구부분은 시접을 안으로 접어넣고 공그르기한다.

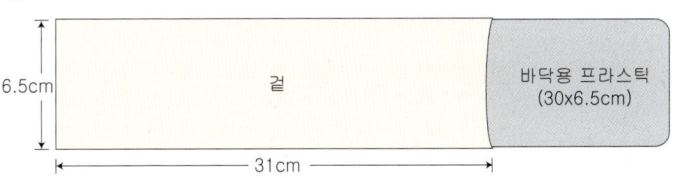

③ 완성된 바닥싸개를 가방 바닥에 놓는다

초가풍경 토트백

초가지붕 위 잘 익은 박과 아름드리 소나무 한 그루!
어릴 적 외할머니 집에서의 즐거웠던 추억이
아스라이 떠오릅니다.

도란도란 이야기 꽃을 피우고 있는 모습이 떠올라 보고만 있어도 마음이 따뜻해집니다.

일반 격자 퀼팅의 단조로움을 탈피한
퀼팅선에서도 세심한 배려가 돋보입니다.

♥필요한 재료
바탕체크 50x70cm‥아플리케용 13종‥안감 2/3마‥퀼팅솜 접착 5온스‥프라스틱바닥 33.5x9cm
정바이어스 3.5x97cm‥발다니 수실 또는 십자수실 4겹
핸들(Hobby & Land 2021)‥여밈(Hobby & Land 0217-L)

♥완성크기
가로 37cm x 높이 28 cm x 밑폭 9cm (끈 길이 제외)   실물본 E면

1.재단하기

① 바탕체크(실물본으로 겉면에 그린다) (시접 0.7cm따로)

a.곬(밑중앙)을 중심으로
대칭으로 그리고
중앙선과
아플리케위치를 그린다

b.밑면에는 2.5cm간격의
퀼팅선을 그리고
빨간색으로 표시된
부분의 선을 그린다.

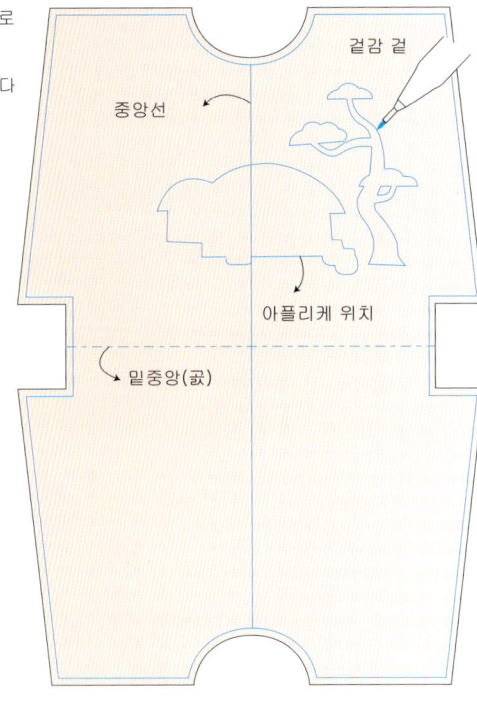

겉감 겉
중앙선
아플리케 위치
밑중앙(곬)

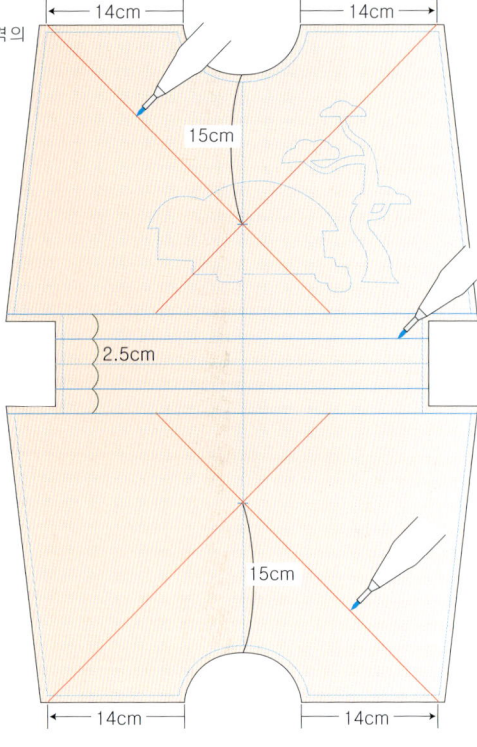

14cm   14cm
15cm
2.5cm
15cm
14cm   14cm

c.나머지 1cm 와 4cm를 띄운
선들을 그린다 (실물본 참조)

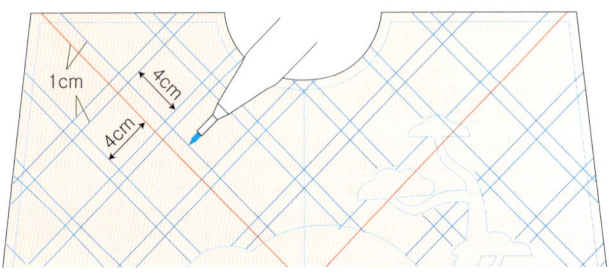

1cm   4cm
4cm

② 안감

본체안감: (시접포함)
Top보다 퀼팅솜을 7mm정도 크게 자르고 안감은 퀼팅솜보다
위아래는 7mm 양옆은 2cm이상 여유 두고 자른다.
바닥싸개용: 35.5x20cm (시접포함)
밑폭 정리용 2장: 4x12cm (시접포함)

③ 아플리케용 (시접 0.5cm따로)
실물본으로 천 겉면에 그린다

④ 입구 바인딩용 정바이어스
3.5x97cm (시접포함)

2.아플리케 천 준비하기

① 들어간 부분에는 가윗집을 준다

가윗집 주는 예:

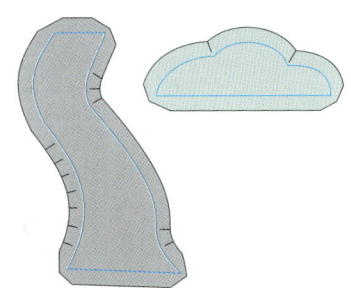

② 0번을 해당천에 아플리케한다.
빨간색표시 부분의 시접을 접어 넣어 아플리케한다.

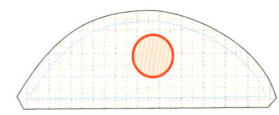

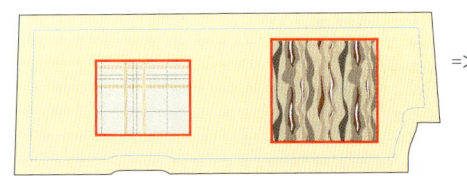

=>

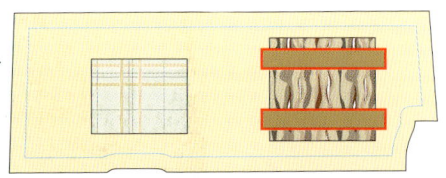

3. 바탕체크에 아플리케하기

1 1번과 2번천을 아플리케한다.
빨간색표시 부분만 시접을 접어
넣어 아플리케한다.

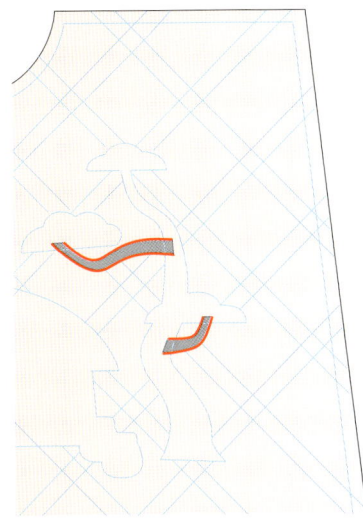

2 3번과 4번천을 아플리케한다.
빨간색표시 부분만 시접을 접어
넣어 아플리케한다.

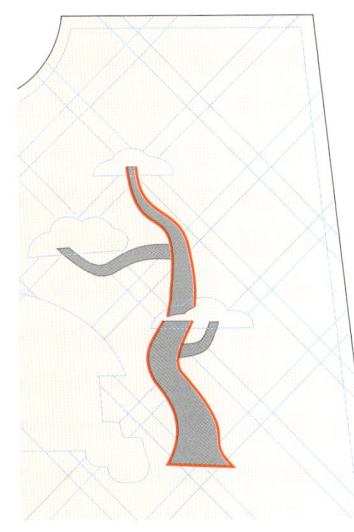

3 5,6,7번은 둘레를 모두
아플리케한다.

4 나머지도 번호순으로 아플리케한 후
아플리케 아래의 바탕천은 시접 0.7cm가량
남겨두고 조심스럽게 오려낸다.

=> Top 완성

4. 안감 → 퀼팅솜 → Top 순으로 포갠다

완성된 Top보다 7mm정도씩 크게 퀼팅솜을 자른다.
안감은 퀼팅솜보다 더 크게 사용하는데
위아래는 7mm, 양옆은 2cm 이상 여유있게 사용한다.

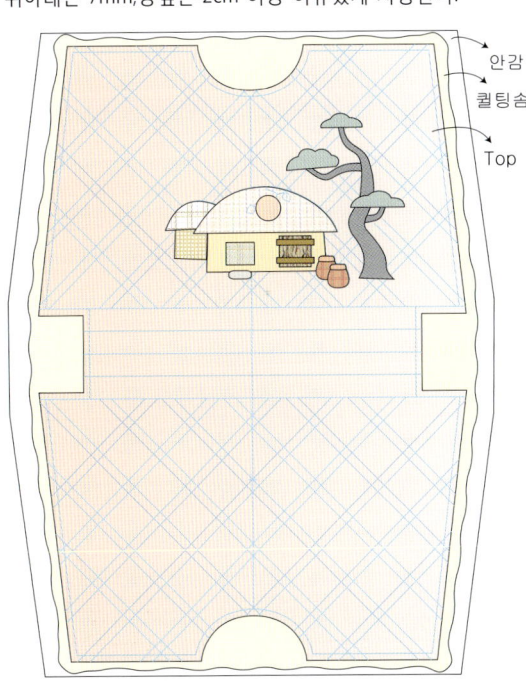

안감
퀼팅솜
Top

5. 퀼팅과 수놓기

1 전체적으로 시침한 후 그려놓은 선과 아플리케 주위를 따라가며
아플리케 완성선에서 1mm 띄워 퀼팅한다.

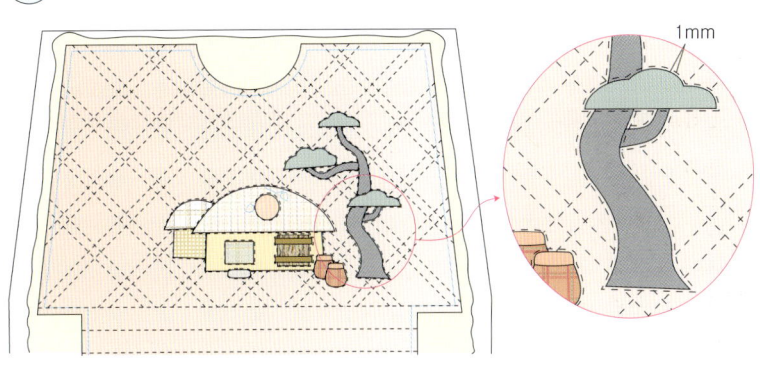

1mm

2 박 줄기와 잎을 수실로 수 놓는다.
발다니 수실은 한 겹을 사용하고 십자수실은 4겹을 사용한다.

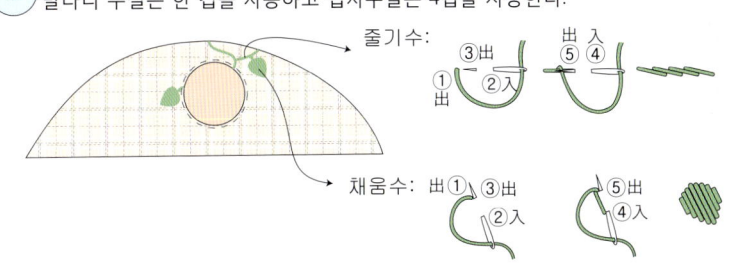

줄기수:
채움수:

6. 퀼팅솜과 안감 정리하기

① 앞면의 양옆을 제외한 나머지 부분의 퀼팅솜과
안감을 Top에 맞춰 정리한다.

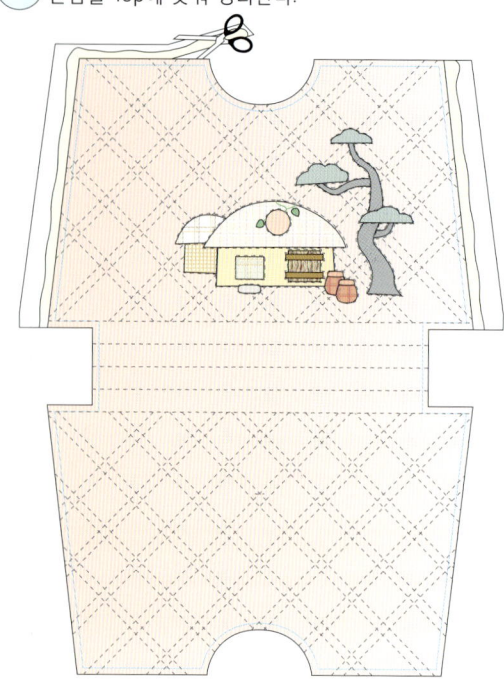

② 앞면 양옆의 퀼팅솜을 Top에 맞춰 정리한 후
안감은 Top보다 2cm여유분을 두고 정리한다.

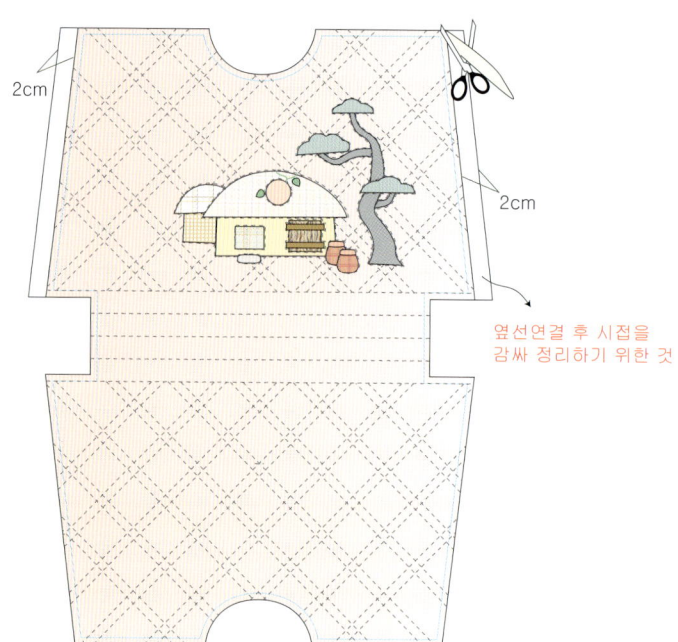

2cm

2cm

옆선연결 후 시접을
감싸 정리하기 위한 것

7. 옆 연결하기

① 겉끼리 마주보게 반을 접어 옆을 반박음질로 꿰맨다.
시접 0.7cm정도 가늠하여 튼튼하게 꿰맨다.

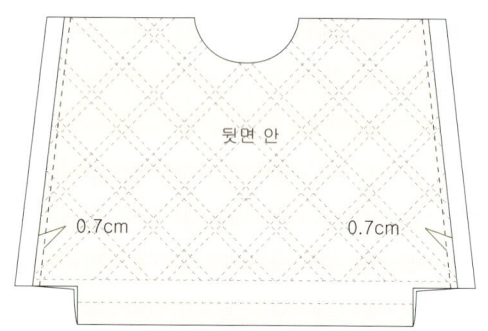

뒷면 안

0.7cm   0.7cm

② 꿰맨 곳의 시접을 앞면 안감으로 감싸 공그르기한다.
(앞면안감과 뒷면안감이 동일하지만 구분편의상 다른색으로 표시했음)

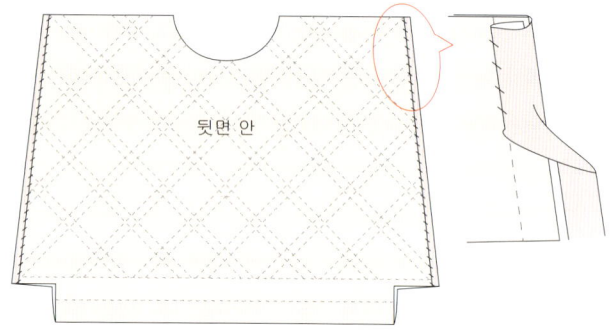

뒷면 안

8. 밑폭 연결하기 (본체안감과 시접정리용 안감이 동일하지만 구분편의상 다른색으로 표시했음)

① 밑중심과 옆선을 맞춰 핀을 꽂은 후
시접 0.7cm로 튼튼하게 반박음질한다.

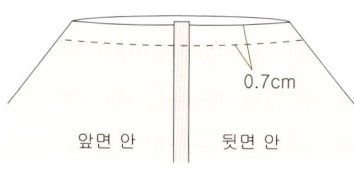

0.7cm

앞면 안   뒷면 안

② 시접정리용 안감(4x12cm:시접포함) 의 양끝을
접은 후 핀을 꽂고 시접 0.7cm로 꿰맨다.

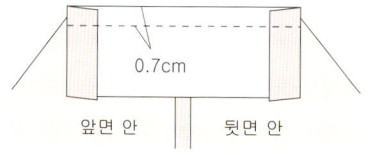

0.7cm

앞면 안   뒷면 안

③ 뒤집어 밑면쪽에서 시접을
접어넣어가며 공그르기한다.

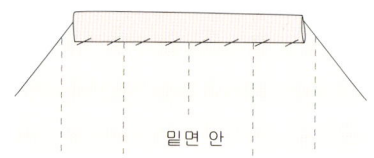

밑면 안

9. 바닥싸개 만들기

① 바닥싸개용(35.5x20cm:시접포함) 안감을 길게 반을
접고 한쪽옆과 아래에 1cm선을 그린 후 꿰맨다.

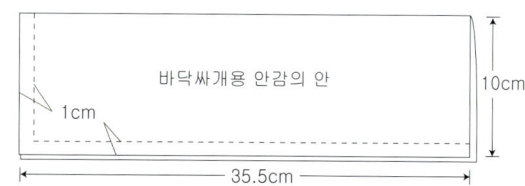

바닥싸개용 안감의 안

1cm   10cm

35.5cm

② 겉으로 뒤집어 바닥용 프라스틱(코너는 둥글게 정리) 을 집어넣는다.
입구부분은 시접을 안으로 접어넣고 공그르기한다.

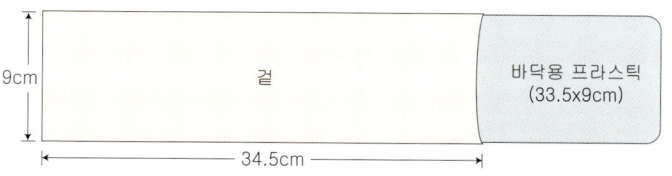

9cm   겉   바닥용 프라스틱
(33.5x9cm)

34.5cm

③ 바닥싸개를 가방 바닥에 몇군데만 느슨하게 꿰매 고정시킨다.

10.겉으로 뒤집어 입구부분을 정바이어스(3.5x97cm: 시접포함)로 바인딩 처리한다.

① 바인딩천의 안쪽면에 0.7cm선을 그린다.

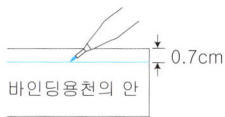

0.7cm
바인딩용천의 안

② 그림처럼 뒷면에 0.7cm접고 핀을 꽂은 후 2cm가량 띄우고 꿰매기 시작한다. 코너에서 0.7cm 남겨놓은 곳까지만 꿰매고 바늘은 뒤로 빼놓는다.

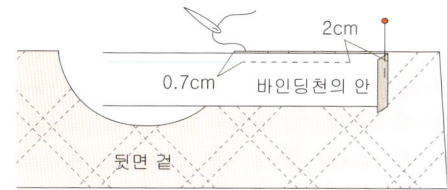

2cm
0.7cm   바인딩천의 안
뒷면 겉

③ 바인딩용 천의 겉이 보이도록 넘긴다.

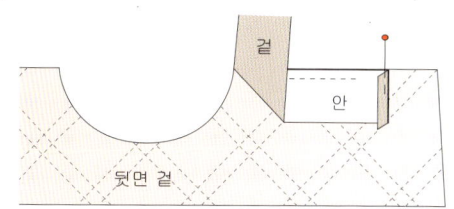

겉
안
뒷면 겉

④ 다시 안이 보이도록 넘기고 바깥쪽에 맞춰가며 핀을 꽂는다.

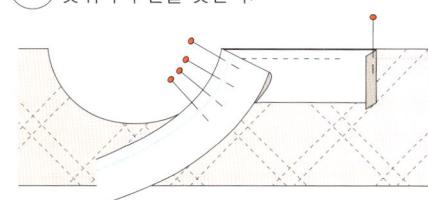

⑤ 끝부터 꿰매기 시작하여 다른쪽 코너에서 0.7cm 남겨둔 곳까지만 꿰맨 후 바늘은 뒤로 빼놓는다.

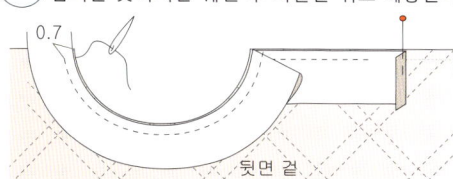

0.7
뒷면 겉

⑥ 바인딩천을 겉이 보이도록 넘긴다.

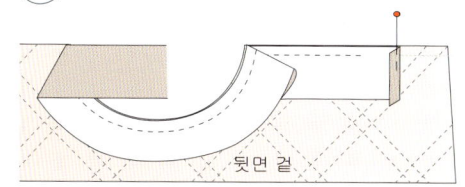

뒷면 겉

⑦ 다시 안이 보이도록 넘기고 핀을 꽂은 후 끝부터 꿰맨다.

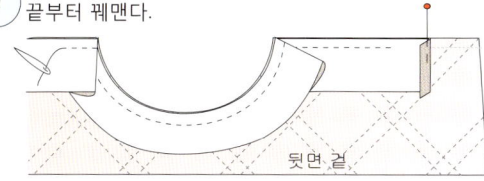

뒷면 겉

⑧ 앞면의 코너도 비슷한 방법으로 진행하여 처음 접었던 부분에서 2cm 남겨둔 곳까지만 꿰맨다. 처음 시작부분과 맞추어 천을 접은 후 0.7cm를 남겨두고 여유분은 자른다.

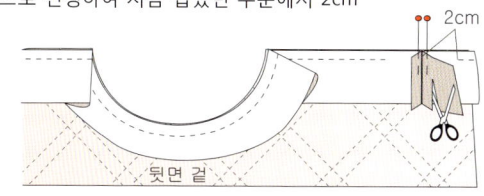

2cm
뒷면 겉

⑨ 양끝부분을 들춰서 시접 0.7cm로 꿰맨다.

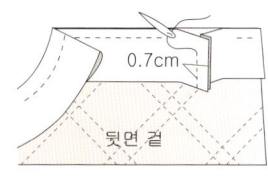

0.7cm
뒷면 겉

⑩ 시접은 가름솔하고 꿰매지 않은 나머지 4cm가량을 꿰맨다.

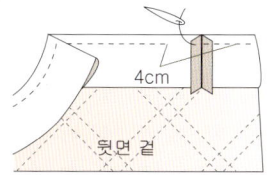

4cm
뒷면 겉

⑪ 뒤집어 안쪽에서 0.7cm를 접어 넣어가며 공그르기한다.

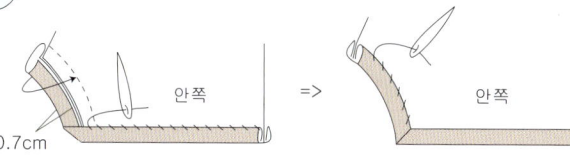

안쪽   =>   안쪽
0.7cm

11.핸들과 여밈장식 꿰매기

① 앞면에는 여밈장식을 바인딩 바로 아래에 위치하도록 달고 핸들은 바인딩에서 4.5cm 내려온 위치를 표시한 후 끝을 맞춰 단다.

4.5cm

② 뒷면에는 여밈장식을 바인딩에서 2cm내려온 위치에 달고 핸들은 앞면과 같은 위치에 단다.

4.5cm
2cm

Basic Information

가방을 만들기 위해 알아두어야 할 기본 정보

완전 기초적인 사항은 필자의 저서 "왕초보 퀼트하기"를 참조 바랍니다.

실물본은 바로 오려서 사용하실 수도 있으나
되도록이면 원본은 보관하시고 복사를 하신 후 사용하시길 권해드립니다.

바인딩용 천 재단하기

바인딩에는 정바이어스 방향이 가장 좋다. 그러나 정바이어스 방향으로 재단하기 위해서는 천의 필요량이 많아지므로 곡선을 포함하지 않은
직선을 바인딩할 때는 푸서방향(약간 신축성이 있는 결방향)을 사용하기도 한다. 식서방향(신축성이 없는 결방향)은 바인딩으로 사용해서는 안된다.
곡선이 포함된 곳을 바인딩할 때는 꼭 정바이어스방향으로 재단하여야 한다.

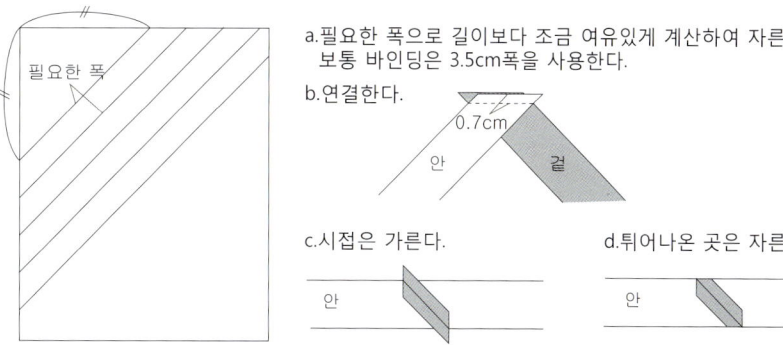

정바이어스 재단하는 방법:

필요한 폭

a.필요한 폭으로 길이보다 조금 여유있게 계산하여 자른다.
　보통 바인딩은 3.5cm폭을 사용한다.

b.연결한다.

0.7cm

안　겉

c.시접은 가른다.　　　　　　　　d.튀어나온 곳은 자른다.

안　　　　　　　　　　　안

가윗집 주는 방법

창구멍을 남기고 꿰맨 후 뒤집어야 하는 것들은 가윗집을 잘 주어야 모양이 예쁘게 나온다. 가윗집을 줄 때는 가위의 끝을 사용해야 편리하다.
퀼팅솜과 같이 꿰맨 것은 퀼팅솜을 꿰맨 곳 가까이 자르고 가윗집을 준다.

오목한 부분	볼록한 부분	튀어 나와 각이진 곳

들어간 곳을 이등분하는 느낌으로 자른다. 사진처럼
깊숙한 곳은 모서리에서 2mm 정도 남게 자르고
그리 깊숙하지 않은 곳은 3mm 정도 남게 자른다.
아플리케천들도 같은 방법으로 가윗집을 준다.

3~5mm간격으로 완성선에서 3mm띄운 곳까지 자른다.
아플리케는 시접 자체를 3~5mm정도만 두므로
볼록한 부분에는 따로 가윗집을 주지 않아도 된다.

모퉁이 꿰맨 곳에서 2mm 정도만 남겨두고
산모양으로 깍아준다. 아플리케의 경우에는 모서리
끝에서 3mm 가량 남긴다.

접착퀼팅솜 사용방법

가방의 경우 탄탄함을 위하여 접착솜을 쓰는 경우가 많다. 퀼팅솜의 종류는 무게의 단위인 온스로 주로 표시하는데 온스가 클수록
퀼팅솜의 두께가 두꺼워진다. 작은 가방의 경우 4~5온스를 주로 쓰고 큰 가방의 경우 5~7온스를 주로 사용한다.

창구멍을 남기고 꿰매 뒤집는 경우에는 창구멍을 공그르기한 후 다림질하여 접착솜이 붙도록 해준다. 일반 퀼팅솜은 다림질 금지
퀼팅선도 될 수 있으면 다림질 한 후 그려주는 것이 좋다.

시침하는 방법

퀼팅하기 전에 충분히 시침을 해야 퀼트의 완성도를 높일 수 있다.

a.시침실(굵으며 잘 뜯어지는 실)에 매듭을 굵게 짓는다.

b.좌우를 시침한 후 상하를 시침한다. 중앙에서 바깥쪽으로 향하도록 하여
안감까지 떠지도록 듬성듬성 홈질한다. 끝에서는 되박음한 후 실을 자른다.

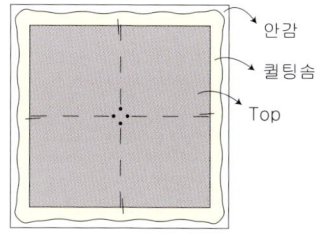

안감
퀼팅솜
Top

c-1.작은 작품은 가로와 세로로 시침을 진행한다.

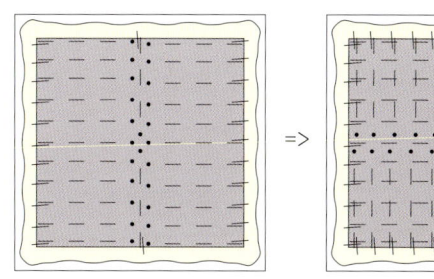 =>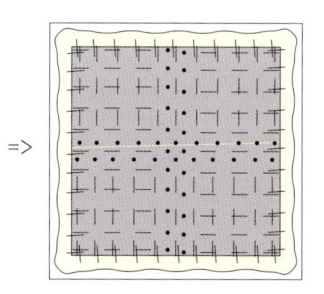

c-2.큰 작품일 경우에는 방사형으로 시침을 하고 수틀을 끼고 퀼팅한다.

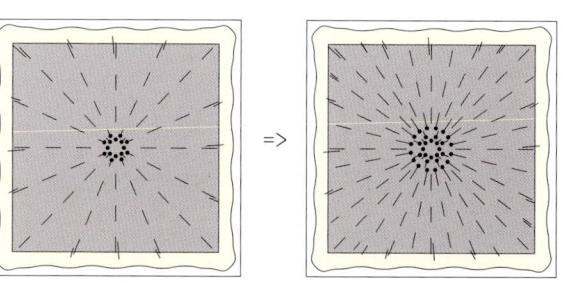

가방 만들 때 주로 사용되는 바느질 방법

홈질 (Running Stitch)

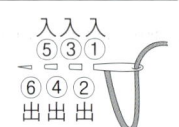

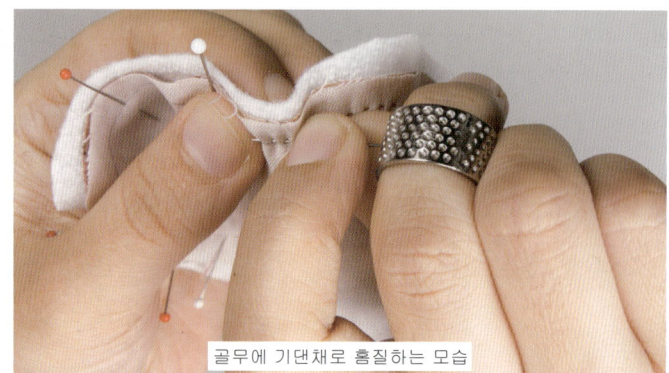

조각잇기 할 때나 퀼팅 할 때 사용하는 바느질법으로
한 땀 한 땀 뜨기보다는 서너 땀을 한꺼번에 뜬다.

조각잇기에는 1cm에 3~4땀 솜을 채우는 인형의 경우에는 4~5땀
들어가게 땀을 뜬다. 그러나 퀼팅솜과 안감을 대고 퀼팅하는 경우에는
사용하는 퀼팅솜에 따라 땀이 약간씩 더 넓어지게 된다.
처음 퀼팅을 하게 되면 땀이 넓게 떠지지만 자꾸 하다 보면 땀의 간격은
줄일 수 있으므로 처음에는 조금 넓게 떠지더라도 일정하게 뜨도록 한다.

반박음질 (Half Back Stitch)

홈질보다는 튼튼하고 박음질보다는 성근
바느질 방법으로 두꺼운 것을 꿰맬 때나
지퍼를 꿰매는 경우에 주로 사용한다.

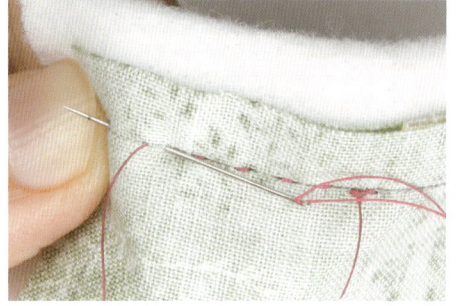

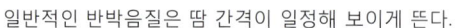

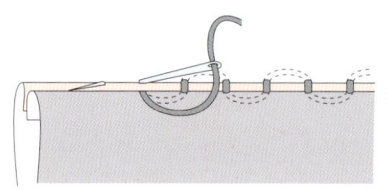

일반적인 반박음질은 땀 간격이 일정해 보이게 뜬다.　　지퍼를 꿰맬 때는 겉에 드러나는 땀을 짧게 뜬다.

공그르기 (Blind Stitch)

공그르기는 창구멍을 막거나 완성된 것끼리 연결해 주거나 할 때
땀이 보이지 않도록 뜨는 바느질 방법으로 퀼트에서 홈질처럼
빈번하게 쓰이는 중요한 바느질 방법이니 확실하게 익혀둔다.

점선은 천속으로 들어가
보이지 않는 땀을 의미한다

아래의 예는 가방옆을 공그르기하는 사진으로 가방의 앞면과 뒷면을 겉끼리 마주보게한 상태에서 앞면의 겉과 뒷면의 겉을 공그르기하는 과정이다.

① 시작부분은 튼튼하게 두세번정도 땀을 뜬다.

② 실이 나온 곳 바로 맞은 편에 바늘을 찔러 한땀을 뜬다. 같은 방법으로 맞은 편을 왔다 갔다하며 서너 땀을 뜬다.

③ 꿰맨 실이 안보이게 살짝 당긴다. 이때 너무 잡아당겨 쭈글해지지 않도록 주의한다.

퀼팅하는 방법

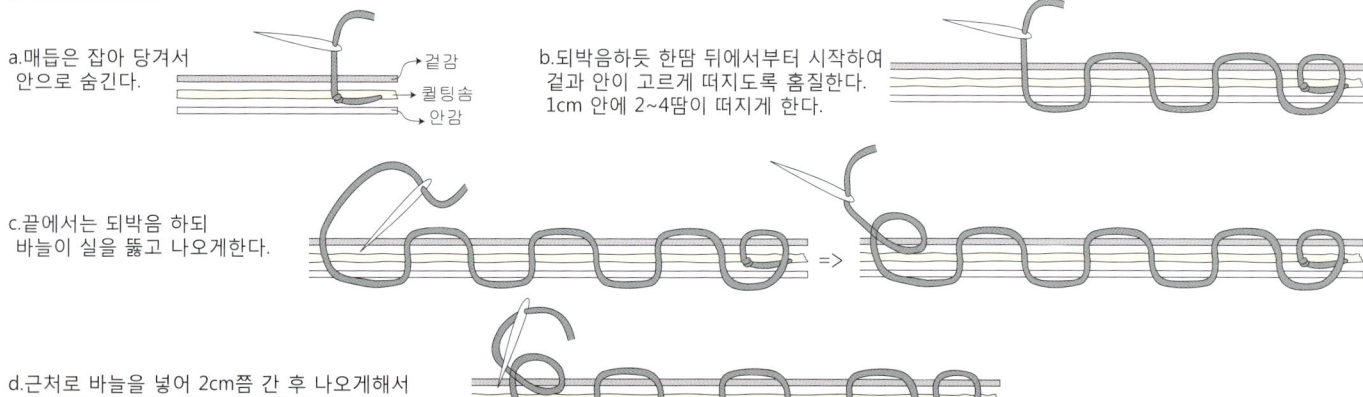

a.매듭은 잡아 당겨서
안으로 숨긴다.
　　겉감
　　퀼팅솜
　　안감

b.되박음하듯 한땀 뒤에서부터 시작하여
겉과 안이 고르게 떠지도록 홈질한다.
1cm 안에 2~4땀이 떠지게 한다.

c.끝에서는 되박음 하되
바늘이 실을 뚫고 나오게한다.

d.근처로 바늘을 넣어 2cm쯤 간 후 나오게해서
솜사이에 실이 2cm정도 남아 있게 한다.

가죽핸들 꿰매는 방법

핸들 위치에 시침을 대충 해놓고 핸들 색과 비슷한 실 2겹으로 꿰맨다.(포인트 주기 위해 잘 보이는 실로 꿰매기도 하는데 이땐 홈질처럼만 꿰맨다)
바로 옆 구멍으로 들어갔다 나왔다 하여 홈질처럼 보이게 꿰맨 후 다시 되돌아 오면서 반대로 들어갔다 나왔다하여 박음질처럼 채운다.

핸들을 꿰매고 나면 안감쪽에 떠진 땀은 들쭉 날쭉되기 쉽다. 너무 보기 싫은 경우에는 안감천으로 땀이 보이지 않게 덧대어 공그르기한다.
속에 덧대는 것이 따로 있는 핸들의 경우에는 덧대는 것을 4번 단계에서부터 사용한다. 덧대는 것에는 홈질처럼만 보이게 된다.

  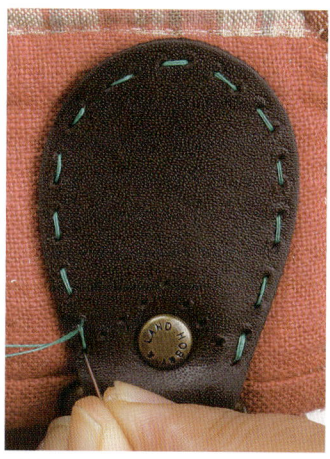 

① 핸들 꿰맬 곳에 올려놓고 대충 시침한다.

② 시작부분은 튼튼하게 두번 꿰맨다.

③ 들어갔다 나왔다하여 끝까지 간 후 끝에서도 두번 꿰맨다.

④ 3번과는 반대로 들어갔다 나왔다하여 땀을 채운다.

핸들 꿰맨 곳의 안감 쪽 처리 방법

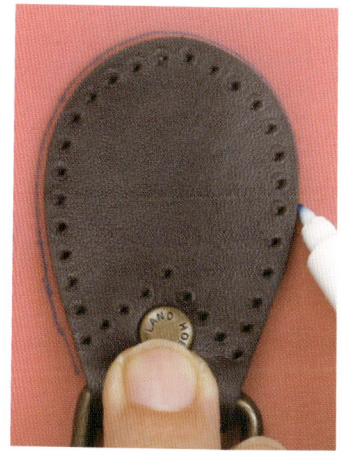 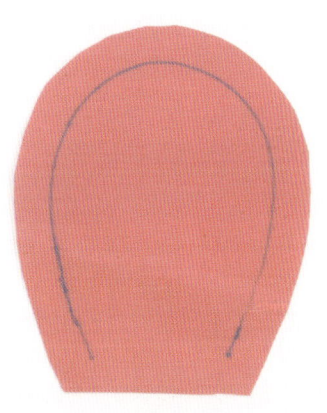 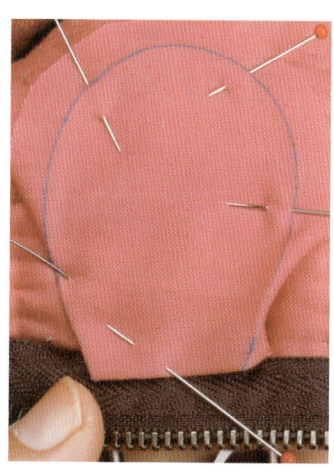 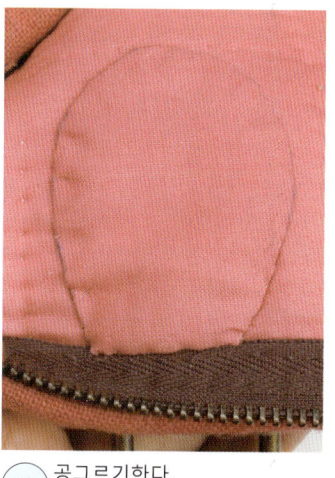

① 안감의 겉면에 핸들을 놓고 핸들 주의를 따라 그린다.

② 시접 0.7cm를 남기고 자른 후 시접을 접어가며 손자국을 낸다.

③ 핸들을 꿰맨 땀이 보이지 않게 올려놓고 대충 핀을 꽂는다.

④ 공그르기한다.

가방 세탁 방법

세탁을 너무 자주하는 것은 피하는 것이 좋으며 세탁을 해야 할 경우 건조가 잘 되는 날에 한다.

가죽핸들이나 가죽장식은 제거하고 미지근한 중성세제를 푼 물에 주물주물 해서 세탁한 다음 여러번 헹군다.
탈수는 수건으로 감싼 후 되도록 빠른 시간내에 한다.

탈수가 끝나면 가방의 모양을 다듬어(가방안에 마른 수건을 넣거나 하여 모양을 잡는다) 그늘이나 실내에서 건조시킨다.

사진과 일러스트 보면서 따라하는
왕소 퀼트가방

초판 1쇄 발행 2009년 10월 30일
초판 10쇄 발행 2015년 2월 10일

지은이·일러스트·과정사진 ♥ 류현숙
펴낸곳 ♥ 퀼트사랑
편집 및 인쇄감리 ♥ 한길 D&P (02-2274-3833)
작품사진 ♥ G1 Studio 이성우 (www.lemonkids.com)
장소 ♥ 트위니 (www.twiny.co.kr)

출판등록 ♥ 2007.6.25 제 2007-4호
편집실 ♥ 경기도 이천시 증포동 신세기타운 A동 퀼트사랑
전화 ♥ 0505-505-3010
팩스 ♥ 0505-505-3011
메일 ♥ quiltsarang@paran.com
홈페이지 ♥ www.quiltsarang.co.kr

ISBN 978-89-960042-2-6
값 19,000원